Jutta Sommerbauer • Die Ukraine im Krieg

Jutta Sommerbauer

DIE
UKRAINE
IM KRIEG

Hinter den Frontlinien eines europäischen Konflikts

Bildnachweis:
Cover: Ukrainisches Militär bei einer Übung nahe Mariupol am
22. September 2015. © Irina Gorbasyova/EPA/picturedesk.com (oben);
Wohngebäude in Awdiiwka, das von einer Granate getroffen wurde,
September 2015. © Filip Warwick (unten)
Bildteil: Alle Fotos © Jutta Sommerbauer; außer IV (unten); VI (unten);
VII (oben); X (unten); XIII (oben); XIV und XV (unten) © Filip Warwick
sowie IV (oben) © Agata Grzybowska
Grafiken S. 202/203 © Gregor Käfer

www.kremayr-scheriau.at
ISBN 978-3-218-01027-6
Copyright © 2016 by Verlag Kremayr & Scheriau GmbH & Co. KG, Wien
Alle Rechte vorbehalten
Schutzumschlaggestaltung: Sophie Gudenus, Wien
Lektorat: Paul Maercker
Typografische Gestaltung und Satz: Sophie Gudenus, Wien
Druck und Bindung: Druckerei Theiss GmbH, St. Stefan i. Lavanttal

Inhalt

1   Kiew – Kostjantyniwka:
Die Fahrt ins Kriegsgebiet

Die Reise ins Kriegsgebiet ist nur einen Mausklick entfernt. Ich buche sie im Internet, auf der Seite der Ukrainischen Eisenbahngesellschaft. Die Website ist benutzerfreundlich und dreisprachig: Ukrainisch, Russisch, Englisch.

289 ukrainische Hrywnja, umgerechnet zwölf Euro, kostet die Fahrt von Kiew in die Frontstadt Kostjantyniwka. Der Zug Marke Hyundai ist modern und scheint über die ukrainische Ebene zu fliegen. 679 Kilometer sind es bis nach Kostjantyniwka, knapp sechseinhalb Stunden dauert die Reise. Auf dem Display über der Waggontür klettert die Geschwindigkeitsanzeige in die Höhe, 158 km/h, 161 km/h, 163 km/h. Ein Blick aus dem Fenster: weitläufige Felder, geduckte Ziegelhäuser, tiefe Radspuren in ausgetrockneten Feldwegen. Industrieruinen zwischen wucherndem Grün. Weiter.

Die Realität vor dem Fenster ist hier drinnen weit weg. Clips laufen über den Bildschirm: die berühmtesten Strände der Welt, das Luxushotel „Rixos" in den Karpaten, Aufenthaltserlaubnis für Slowenien, Frisurkreationen und Hochglanzmaniküre eines Kiewer Beautysalons. Im Waggon ist es angenehm warm, die Schalensitze sind komfortabel, regelmäßig schiebt ein Steward seinen Imbisswagen durch die Gänge, schenkt Kaffee aus, bietet Croissants und Sandwiches an.

Bis nach Donezk, die frühere Endhaltestelle, fährt der Intercity 712-O nicht mehr. Gleisanlagen und Elektroleitungen wurden im August 2014 bei Kämpfen so schwer beschädigt, dass sie nicht mehr für den Verkehr taugen. Also nur bis Kostjantyniwka. Auch die Fahrgäste haben sich seit Ausbruch des Konflikts im Frühling 2014 verändert. Heute reisen Soldaten, Pendler zwischen Krisenzone und Kiew mit Sporttaschen und proviantgefüllten Plastiksäcken, Journalisten, Mitarbeiter von Hilfsorganisationen. Früher war das Ticket mit dem Hochgeschwindigkeitszug vielen zu teuer, sie wählten lieber den langsamen, aber billigeren Nachtzug. Heute vermeidet man Reisen in das Gebiet der „Anti-Terror-Operation", kurz ATO. So heißt der Einsatz im ukrainischen Militärjargon nach wie vor. Doch es ist längst keine Anti-Terror-Operation mehr, die die Armee im Osten des Landes führt.

Tags zuvor habe ich meinen Koffer für die Reise in den Krieg gepackt. Zwei Hosen, zwei Pullis, ein paar feste Schuhe. Die Splitterschutzweste wiegt schwer genug. Ein paar T-Shirts aus schweißaufsaugendem Material, eine Fleecejacke. Funktionskleidung ist die Mode der Krisenberichterstatterin. Freunde schicken SMS, die meistens jene vier Worte enthalten: „Pass auf dich auf." Meine vier Worte zählende stereotype Antwort lautet: „Ich gebe mir Mühe."

Es ist mein erster Einsatz als Reporterin in einem Gebiet, in dem ein Konflikt zum Krieg eskaliert. In der Tageszeitung „Die Presse" berichte ich über die Staaten der früheren Sowjetunion – ein riesiges Gebiet, das vom Baltikum über Russland und den Südkaukasus bis hin zu den fünf zentralasiatischen Republiken reicht. In „meinen" Ländern gibt es mehrere abgekühlte und eingefrorene Konflikte. Sie beschleunigten einst das Ende der Sowjetunion bzw. traten in seiner Folge auf. Der Krieg zwischen Armenien und Aserbaidschan rund um die Region

Berg-Karabach, der in einem bis heute brüchigen Waffenstillstand endete; die bewaffneten Konflikte zwischen Georgien und den abtrünnigen Gebieten Abchasien und Südossetien, die nach wie vor einer politischen Lösung harren; der Bürgerkrieg im zentralasiatischen Tadschikistan. Die postsowjetische Welt schien auf lange Zeit erstarrt, gefangen im Orbit ihrer eigenen Vergangenheit. Ein politisches Erdbeben mit möglicherweise gewaltsamen Folgen erwartete ich frühestens nach dem Tod des einen oder anderen Autokraten in Zentralasien. 2014 hörte ich zum ersten Mal in meinem Leben Gefechtslärm. Es war im ukrainischen Donbass.

Einige Jahre davor hatte ich die Ukraine erstmals besucht. Eine meiner ersten Reisen führte mich vom Westen in den Osten, von Lemberg (Lwiw) bis nach Donezk. Während der langen Zugfahrt konnte ich beobachten, wie das Land Kilometer für Kilometer sein Gesicht veränderte: wie es von einer mitteleuropäisch geprägten Kulturlandschaft zu einer Industrielandschaft sowjetischer Prägung wurde. Die Denkmäler des ostukrainischen Donbass (eine Abkürzung von *Donezkij bassein*, zu Deutsch Donezbecken) sind Schächte, Stahlwerke und Arbeitersiedlungen. In Donezk nahm mich ein lokaler Journalist mit zu einem Treffen mit Lemberger Kollegen. Sie waren gekommen, um ein Jahr vor dem Beginn der Fußballeuropameisterschaft 2012 den Fortschritt der Bauprojekte im östlichen Landesteil zu begutachten. Donezk war Euro-Austragungsort, so wie Lemberg. Es wurde ein langer Abend. Sicher, die Lemberger fanden die Begeisterung der örtlichen Bevölkerung für Schießbuden ein wenig abwegig, und die Themenrestaurants von Donezk belustigend. Die einen sprachen Ukrainisch, die anderen Russisch, und man verstand sich prächtig. Ebenso einig war man sich in der Verachtung des sich immer autoritärer gebärdenden Präsidenten Viktor Janukowitsch, der aus dem Donbass stammt. Hätte jemand prophezeit, dass es ein paar Jahre später zum Krieg kommen würde, niemand hätte das ernst genommen.

Ein Konflikt in Europa

Seit Mai 2014 liegt Donezk unter Beschuss. Zwei Flugstunden von Wien und Berlin entfernt herrscht Krieg. Ein Krieg mit tausenden Toten und hunderttausenden Vertriebenen, wie ihn Europa seit den Jugoslawienkriegen der 1990er nicht mehr gesehen hat. Die Kämpfe im Donbass führen uns vor Augen, dass Frieden in Europa nicht selbstverständlich ist; er muss bewahrt werden.

Die Destabilisierung der Ukraine durch die Krim-Annexion Moskaus und den von russischer Seite unterhaltenen Konflikt im Donbass wird häufig als „Ukraine-Krise" beschrieben. Doch das ist verharmlosend: Es ist keine Krise der Ukraine allein, es ist eine europäische Krise. Sie zwingt uns, unsere Komfortzone zu verlassen. Das Verhältnis zwischen dem Westen und Russland muss neu überdacht werden. Die Europäische Union ist ratlos und uneinig, wie sie reagieren soll. Was kann Moskau zum Einlenken bringen, Entgegenkommen oder eine harte Linie? Faktum ist: Brüssels mahnende Worte und „Soft Power" wurden im Kreml lange nicht ernst genommen. Erst mit dem Andauern der Sanktionen und durch klare Ansagen hat der Kreml verstanden, dass er den Westen nicht unbeschränkt an der Nase herumführen kann. Doch eine politische Lösung ist noch in weiter Ferne.

Dieses Buch nimmt nicht nur die internationale Dimension des Konflikts in den Blick. Es berichtet vor allem vom Alltag im Kriegsgebiet und bezieht dabei aktuelle Entwicklungen bis zum Dezember 2015 mit ein. Der besetzte Donbass mag für die Kriegsstrategen ein ganz beliebiger Kampfplatz um geopolitische Interessen sein. Nicht so für seine Bewohner. Sie fürchten um ihr Leben, sie bangen um ihre Zukunft. Dieses Buch nimmt die Leser mit auf eine Reise zu den Bürgern der Separatistengebiete im Donbass, in die selbsternannten „Volksrepubliken", von manchen auch „Neurussland" genannt. Von außen besehen sind es schwarze Löcher, weiße Flecken auf der Landkarte. Doch für die Bewohner ist es ihre Heimat, und für die Vertriebenen das Zuhause, das sie verloren haben. Dieses Buch ist auch eine Spurensuche nach den Verantwortlichen, die den Konflikt absichtsvoll eskalieren ließen. In den hier versammelten Geschichten beschreibe ich, wie es passieren konnte, dass aus Freunden Feinde wurden. Welche Folgen hat der Konflikt für die Zukunft des Landes? Wird die Ukraine je wieder eins werden?

„Besatzer" im eigenen Land

In Kostjantyniwka endet der Zug, der früher bis nach Donezk fuhr. Kostjantyniwka, knapp 80.000 Einwohner, ist ein graues Nest im Norden des Donbass, Garnisons- und Grenzstadt, gerade noch auf ukrainisch kontrollierter Seite. Militärfahrzeuge auf den Straßen, Soldaten in den Restaurants. Aufschriften am Supermarkteingang verkünden, dass kein Alkohol an Militärangehörige verkauft wird. Hier im Norden des umkämpften

Donbass hat sich die ukrainische Armeeführung einquartiert: Im benachbarten Kramatorsk liegt das Hauptquartier des Militärstabs der Anti-Terror-Operation, hier werden die Akkreditierungen für Journalisten in der ATO-Zone ausgegeben.

Kostjantyniwka gibt sich nach außen hin eindeutig ukrainisch: gelb-blau eingefärbte Brückengeländer, gehisste Fahnen, gelb-blaue Farbstriche auf Wohnblocks. Je umstrittener und umkämpfter das Terrain, desto mehr bemühen sich Behörden und Armee um Markierung ihres Herrschaftsgebiets. Doch unter der patriotischen Oberfläche ist die Stimmung in der Bevölkerung ambivalent – eine Gemütslage, die für die Region typisch ist. Nicht alle Bewohner im Norden des Donbass wollen in den ukrainischen Soldaten Beschützer erkennen. Indifferenz regiert, und manche betrachten die Armee gar als „Besatzer" im eigenen Land. Als im März 2014 in Kostjantyniwka ein Panzer von der Straße abkam, ein Kind überfuhr und zwei weitere Menschen verletzte, kam es zu spontanen Protesten. Der Armee schlug eine Welle von Hass entgegen, wie sie sich nur selten Luft macht. Autoreifen brannten, Fensterglas in Soldatenwohnheimen ging zu Bruch. Die Armee verhaftete den Panzerfahrer und kündigte eine Untersuchung an. Dennoch dauerte es bis in die Nacht, bis sich die Lage wieder beruhigte.

Das ist die instabile Lage, die auch für die anderen Frontstädte charakteristisch ist. In den prorussischen sozialen Netzwerken wurde der tragische Unfall sofort für Propagandazwecke genutzt. Es wurde zum virtuellen Sturm auf Kostjantyniwka geblasen. Passiert ist schließlich nichts. Doch die Armee war gewarnt: Die Lage ist volatil. Ein tragischer Zwischenfall kann ausreichen, um die örtliche Bevölkerung gegen die Soldaten aufzubringen. Nur ein Jahr zuvor standen in vielen Städten des Donbass prorussische Separatisten an den Straßensperren. Statt gelb-blau waren die Ortsschilder rot-schwarz-blau eingefärbt, in den Farben der „Volksrepublik". Damals stand Kostjantyniwka unter der Kontrolle der Separatisten, bevor die Armee auf ihrem Vormarsch von Norden das Gebiet einnahm. Sie kam bis vor die Tore von Donezk, weiter nicht.

Wer ins Separatistengebiet will, muss in Kostjantyniwka in einen Kleinbus umsteigen: ein klappriges, knallgelbes Modell mit 20 Sitzen. Wie so oft gibt es mehr als doppelt so viele Passagiere wie Plätze. Dass Korruption immer ein Geben und Nehmen ist, lässt sich hier beobachten: Der Fahrer verkauft zusätzliche Stehplatz-Tickets, um sich den kargen Lohn aufzubessern. Die Fahrgäste sind bereit zu zahlen, weil sie nicht auf den nächsten Bus warten wollen. In dem gelben Gefährt lege ich die restlichen 90 Kilometer bis nach Donezk zurück. Für die Fahrt, die früher eineinhalb Stunden dauerte, muss man jetzt mindestens vier Stunden rechnen. Oder auch länger. Versprechen macht der Chauffeur keine.

Die erste Kunde vom Krieg, noch lange vor den Straßensperren, sind die verklebten Fenster. Man sieht sie auf beiden Seiten der Front: in Donezk, Mariupol, Horliwka, und in Kostjantyniwka. „X" steht auf den Scheiben geschrieben, gezogen in langen, geraden Klebebandbahnen, weißen oder, diskreter, durchsichtigen. Im Sonnenlicht heben sie sich vom angestaubten Fensterglas der Wohnblöcke ab. Das X soll schützen. Im Fall von Detonationen soll das Klebeband ein Zersplittern des Glases verhindern, soll verhindern, dass es durch die Wucht der Druckwelle quer durch den Raum geschleudert wird und sich in die Körper der Menschen bohrt, die sich dort zu Boden geworfen haben, die Schutz suchen hinter Schrankwänden oder unter Tischen. Das Glas, in Friedenszeiten Beschützer vor Kälte, Regen und Schnee, ist in Zeiten des Krieges eine Gefahr geworden, die in jedem Zimmer lauert.

Die Szenerie ändert sich, mit jedem Kilometer. Mannschaftsfahrzeuge, Schützenpanzer, Benzinwagen, Jeeps mit den Aufschriften der ukrainischen Freiwilligenbataillone, die eine entscheidende Rolle in diesem Krieg spielen. Die Straßen sind geschunden von den schweren Fahrzeugen, tiefe Spurrinnen haben sich in den Asphalt gekerbt, dazwischen Schlamm und Sand. Doch die tiefsten Spuren hinterlässt der Krieg in der Schwarzerde. Auf der Fahrt an die Frontlinie begleiten einen tiefe Gräben entlang der Straße. Dann wieder verlassene Checkpoints, ausgetauscht gegen eine neue Position. Sandsäcke, Reifen, Betonplatten, Müll: einfach zurückgelassen. Bei einer Fahrt durchs Kriegsgebiet wird die brutale Unberechenbarkeit des Krieges sichtbar: Ein Dorf wurde verschont, ein anderes nicht. Durch manche Ansiedlungen zog der Krieg hindurch, andere hat er ausgelassen. Manche Hauptstraßen sind verwüstet, als hätte hier ein Tornado gewütet, und andere stehen da, wie früher, als hätte es in der Nachbarschaft nie Kämpfe gegeben.

„Kontrollpunkt für motorisierte Ein- und Ausreise" steht auf dem Schild beim Checkpoint Saizewo, dahinter das ukrainische Wappen. Wohin man ein- oder ausreist, darüber gibt die Tafel keine Auskunft, denn offiziell gibt es hier keine Grenze. Und doch wirkt der Kontrollpunkt wie eine Grenze, und vor den Straßensperren bilden sich lange Autoschlangen. Wer hier herkommt, benötigt große Vorräte an Geduld. Und Wasser. Der Busfahrer überholt die lange Schlange, stellt sich neben einen Container, dreht den Motor ab. Warten. Dann öffnet sich die Tür, ein ukrainischer Soldat mit Sturmgewehr betritt den

Bus, grüßt, verlangt nach den Papieren. Die Fahrgäste sind die Prozedur gewohnt, die sich noch drei Mal wiederholen wird: So viele Checkpoints sind es nämlich bis auf die andere Seite.

Man hat sich auf gewisse Regeln verständigt: kein Telefonieren, professionelle Freundlichkeit, die Vorhänge werden zugezogen, eine Maßnahme zum Selbstschutz: gegen neugierige Blicke von beiden Seiten. Wenn das Warten nicht zu lange dauert, ist das hier schon eine gute Nachricht. Bei meinem Pass stockt der Soldat: „Journalistin? Was machen Sie in diesem Bus?" Mit dem Bus ginge es immerhin schneller als in einem PKW, antworte ich wahrheitsgemäß. Er blickt mich ungerührt an, versenkt seinen Blick wieder in das Dokument. „Schreiben Sie die Wahrheit", gibt mir der junge Mann schließlich als Auftrag mit. Worte, die ich im Kriegsgebiet nicht zum ersten und nicht zum letzten Mal höre.

Korruption an den Checkpoints

Der Donbass hat heute den Status eines „zeitweilig besetzten Gebiets". Die ukrainischen Behörden haben eine Zollkontrolle eingeführt, beschränken die Ein- und Ausfuhr von Waren. Und von Personen: Um in den Donbass zu gelangen, benötigt man seit Anfang 2015 einen Passierschein, den sogenannten *propusk*. Und weil es vier verschiedene Zonen im ATO-Gebiet gibt, gibt es vier verschiedene Passierscheine, für sechs Korridore, die aber aufgrund der Kämpfe nicht alle geöffnet sind. Diese Passierscheine hat die Ukraine offiziell wegen der Sicherheitskontrollen eingeführt, doch praktisch ist es ein bürokratisches und ineffizientes System. Die Bewohner der besetzten Gebiete oder solche, die einreisen wollen, warten bis zu zwei Monate auf die Durchfahrtsberechtigung. Für ein paar hundert Hrywnja kann man sie aber auch durch Vermittler erstehen. Es gibt Menschen, die sich auf die Fälschung der *propuski* spezialisiert haben. Oder Taxifahrer, die einen ohne jegliche Kontrolle an den Sektorgrenzen vorbei über die Frontlinie bringen: Für 600 Hrywnja, umgerechnet 25 Euro, ist auch das möglich. Die Maßnahme, die sich die ukrainische Regierung zur Sicherheitskontrolle und zum Verhindern von Kriminalität einfallen ließ, hat sich in nur wenigen Monaten in eine Korruptionsmaschinerie verwandelt.

Nach der Überprüfung am ersten Übergang geht es weiter durch ein Niemandsland aus einem aufgelassenen Auto-Basar, einer zerstörten Tankstelle, umgehackten Bäumen. Bald verwischen sich die Gesichter der Bewaffneten, die Betonsperren, die überdachten Schützengräben zu einem stickigen Gemisch aus Ausgeliefertsein, Anspannung und Aufatmen. Der Bus fährt ein paar Kilometer weiter durch das Niemandsland, und wieder tauchen neue Betonsperren auf, dahinter eine Siedlung aus ebenerdigen Häusern. Doch diesmal ist etwas anders. Eine Flagge in den Farben Schwarz-Blau-Rot. Bewaffnete mit Ansteckern, auf denen steht: „Die Russen lassen die Ihren nicht im Stich.“

Hier sind sie, die prorussischen Waffenträger, „Terroristen“, wie sie in der Kiewer Sprachregelung genannt werden: Zehn junge Männer in zusammengestoppelten Uniformen, aber alle mit dem gleichen Sturmgewehr, Marke Kalaschnikow. Eine Panzerfaust lehnt an der Barrikade. Ein paar Meter weiter graben die Bewohner des Weilers ungerührt ein Feld um, sie haben sich an die Dauergäste in ihrer Nachbarschaft gewöhnt, die nicht um Niederlassungserlaubnis gefragt haben. Solange nicht geschossen wird, gehen sie ihrer Arbeit nach. Einer der Bewaffneten, ein junger Mann mit Vollbart und leuchtend grünen Augen, stellt sich als prorussischer Tschetschene vor. Er stammt aus der nahen Kleinstadt Dserschinsk. Die Kontrolleure an den Checkpoints sind meist lokale Bewohner, das Fußvolk des prorussischen Aufstands. Gäbe es den Krieg nicht, sie wären arbeitslos oder steckten in schlecht bezahlten Jobs. Für ihren eintönigen, aber nicht ungefährlichen Dienst an den Kontrollpunkten werden sie mit Essen und Taggeld entschädigt. Bei Sonnenschein und im strömenden Regen halten sie Autos an, kontrollieren Papiere, durchsuchen den Kofferraum, winken neue Gefährte heran. „Seit dem ersten Tag" sei er dabei, sagt der Tschetschene, er helfe am Posten, aber eigentlich hoffe er auf einen baldigen Angriff auf ukrainische Stellungen. Zuallererst auf Dserschinsk, seine Heimatstadt ein paar Kilometer weiter, auf der vom Feind kontrollierten Seite. Damit das ihnen unterworfene Gebiet noch größer wird. Dann gibt er ein Zeichen. Der knallgelbe Bus darf passieren. Die Passagiere atmen auf. Das Gebiet, von dem der Tschetschene sprach, ist noch auf keiner Karte eingezeichnet. Offiziell ist hier ukrainisches Staatsgebiet. Doch für ihn trägt das Territorium einen anderen Namen: Es heißt „Neurussland" und liegt vor uns.

2   Die Folgen des Euromaidan: Demokratischer Aufbruch in Kiew, Krieg im Donbass

Noch sind der Ukraine Ruhm und Freiheit nicht gestorben,
noch lächelt uns, junge Ukrainer, das Schicksal.
Verschwinden werden unsere Feinde wie Tau in der Sonne,
und auch wir, Brüder, werden Herren im eigenen Land sein.
Leib und Seele geben wir für unsere Freiheit,
und bezeugen, dass unsere Herkunft die Kosakenbruderschaft ist.
(Ukrainische Nationalhymne)

Warum also will man uns keine Chance geben? Ich habe dafür eine er-
schreckend einfache Erklärung: weil man Russland nicht verärgern will.
(Juri Andruchowytsch, „Engel und Dämonen der Peripherie")

Beim Thema Ukraine sind sogar politische Gegner einer Meinung: Sowohl Heinz-Christian Strache, Chef der rechtspopulistischen und prorussischen Freiheitlichen Partei Österreichs, als auch die Mitglieder der Kommunistischen Partei Österreichs halten das Land für einen „failed state", einen gescheiterten Staat. Was die apodiktischen Experten des russischen Staatssenders „Russia Today" seit Jahr und Tag verbreiten, hat sich bis zu den Stammtischen herumgesprochen: Die Ukraine sei ein „zerrissenes", „geteiltes" und überhaupt ein „künstliches" Land, heißt es, verwickelt in einen Bürgerkrieg, der vom Westen (allen voran von den USA) angezettelt worden sei und den Oligarchen nütze. Soweit die Kurzversion des aktuellen Konflikts in der Ostukraine – eine Darstellung, die, etwas raffinierter vorgetragen, auch auf internationalen Konferenzen zu hören ist. Die Ukraine als imperiales Anhängsel Russlands, als künstlicher und letztlich gescheiterter Staat – diese Darstellung hat im deutschsprachigen Raum eine gewisse Tradition. Nicht nur die Putin-Begeisterung der extremen Rechten und die Amerikafeindschaft mancher Linken führen zu sonderbaren Allianzen. Die vorrangige Orientierung am großen Nachbarn, die (falsche) Gleichsetzung Russlands mit der Sowjetunion, Schuldgefühle aufgrund der historischen Verbrechen der Nationalsozialisten (die sich ebenfalls fälschlicherweise vor allem auf Russland beziehen), wirtschaftspolitisches Kalkül – all diese Elemente tragen dazu bei, die Ukraine heute so leichtfertig für tot zu erklären.

Es gehört schon eine gewisse Ignoranz dazu, die Geschichte der Ukraine, die Wünsche ihrer Bürger und die Fakten einfach auszublenden. Nicht die ganze Ukraine steht in Flammen: Im sezessionistischen Donbass und auf der Krim leben heute etwa fünf Millionen Ukrainer von insgesamt 45 Millionen. 47.000 Quadratkilometer des Landes – die Krim und zwei Teilgebiete im Osten – stehen außerhalb der Kontrolle der Regierung. Das sind 12,8 Prozent der Landesfläche. Die politischen Institutionen funktionieren zwar nicht perfekt, aber sie funktionieren. Die Protestbewegung von 2004/2005 – bekannt als „Orange Revolution" – war ein erster Versuch, die postsowjetische Starre zu überwinden. Der „Euromaidan" von 2013/2014 war abermals eine Bewegung für eine neue politische Kultur – und ein Ausdruck gestärkter nationaler Identität. Mykola Rjabtschuk, Präsident des ukrainischen PEN-Clubs und prominenter Publizist, interpretiert das Aufbegehren der Ukrainer als antikoloniale

Revolte, als ein Nachholen der mitteleuropäischen Revolutionen von 1989, die in vielen ex-sowjetischen Staaten nicht erfolgreich beendet worden seien. Nach wie vor sei der Weg der Ukraine nicht abgeschlossen.

„Dank" der Krim-Annexion durch die Russische Föderation und des Krieges im Osten waren die Gräben zwischen Kiew und Moskau noch nie so tief. Gleichzeitig waren die Bürger noch nie so patriotisch. 72 Prozent der Ukrainer unterstützten im Jahr 2015 den Unabhängigkeitskurs ihres Landes laut einer Untersuchung des renommierten Kiewer Umfrageinstituts „Rasumkow-Zentrum". Ein Jahr zuvor waren es nur 61 Prozent gewesen. Der Krieg, der Leid bringt und so viele Energien bindet, hat das Land auch geeint.

Die heutige Debatte über das angebliche „Scheitern" der Ukraine lässt Erinnerungen an 1991 wach werden. Auch damals zogen viele im Westen die Überlebenschancen des neuen unabhängigen Staates in Zweifel. Der Weg der Ukraine in den vergangenen 25 Jahren war von großen Schwierigkeiten und vielen Rückschlägen gezeichnet. Doch es gibt es keinen Grund, voreilig ihren Nachruf zu verfassen.

Der beschwerliche Weg in die Unabhängigkeit

Vor einem Vierteljahrhundert verließ die Ukraine offiziell das beengte sowjetische Wohnhaus. Am 24. August 1991 proklamierte das Land formell seine Unabhängigkeit. Am 1. Dezember 1991 bestätigten die Bürger den Kurs in einem Volksentscheid. Eine große Mehrheit von 92,3 Prozent der Teilnehmer sprach sich dafür aus, dass die bisherige Sowjetrepublik künftig ein unabhängiger und souveräner Staat sein sollte. In allen Landesteilen waren die Befürworter der Unabhängigkeit in der Mehrheit – wenn auch nicht überall so eindeutig wie in Ternopil mit knapp 99 Prozent. Im ostukrainischen Charkiw stimmten drei Viertel der Bürger mit „Ja", auf der Halbinsel Krim waren es 54,2 Prozent. Mit dem offiziellen Austritt des wichtigen Landes aus dem Unionsvertrag von 1922 war das Ende der Sowjetunion besiegelt.

Michail Gorbatschows Erneuerung der Sowjetunion war gescheitert. Das Programm von *glasnost* (Transparenz) und *perestrojka* (Umbau) beschleunigte vielmehr ihren Zerfall. Die neue Meinungsvielfalt hatte zur Folge, dass an vielen Orten der Peripherie Forderungen nach Eigenständigkeit im nationalen Gewand laut wurden, auf die das Machtzentrum keine Antwort hatte. Einige Ereignisse in der Ukraine beschleunigten die Implosion des Sowjetreichs maßgeblich:

Das Unglück im Kernkraftwerk Tschernobyl im Jahr 1986 blamierte die Führung, die den Unfall herunterspielen wollte, und offenbarte die Kehrseite der sowjetischen Technikgläubigkeit. Während es im Donbass es zu Bergarbeiterstreiks kam, wurde in der Westukraine die in den Untergrund getriebene Griechisch-Katholische Kirche wiederbelebt. Im September 1989 gründeten Oppositionsgruppen schließlich den ukrainischen „Ruch" (Volksbewegung).

Der Ruch konnte sich in den Anfangsjahren zwar als politische Kraft etablieren, dennoch blieb die Ukraine zunächst im postsowjetischen Orbit. Nicht Dissidenten oder erklärte Oppositionelle gaben in den 1990ern den Ton an, sondern gewendete Apparatschiks und „rote Direktoren", die einflussreichen Chefs der Staatsbetriebe: eine Kontinuität der Eliten wie in anderen postsowjetischen Staaten auch. Erster Präsident des Landes war Leonid Krawtschuk, ein Mitglied des ukrainischen Politbüros, der im Juli 1990 zum Vorsitzenden des Obersten Sowjets gewählt worden war. Krawtschuk orientierte sich neu und machte sich die Forderungen des Ruch in gemäßigtem Tonfall zu eigen.

Nach einem euphorischen Aufbruch stand die Ukraine vor großen Herausforderungen: Die Wirtschaftsleistung und Lebensqualität der Bürger sank, die Inflation stieg, Strukturreformen kamen nur langsam auf den Weg. Krawtschuk war eine Kompromissfigur, die das Land zusammenhielt. Die Bestrebungen auf der Krim, sich von Kiew loszusagen, endeten in einer Autonomie der Halbinsel. Erst 1997, unter Krawtschuks Nachfolger Leonid Kutschma, konnte ein anderer Streit geschlichtet werden: der um die Zukunft der russischen Schwarzmeerflotte in Sewastopol. Russland erhielt das Recht auf eine Nutzung der Basis bis 2017 gegen Zahlung einer jährlichen Pacht.

Außenpolitisch bemühte sich Krawtschuk um gute Beziehungen mit Ost und West und um ukrainische Eigenständigkeit. Eine wichtige Existenzgarantie für den jungen Staat war das „Budapester Memorandum" vom 5. Dezember 1994, in dem sich Russland, Großbritannien und die Vereinigten Staaten gegenüber der Ukraine verpflichteten, die Souveränität und bestehenden Grenzen zu achten. Kiew verzichtete dafür auf sein Nuklearwaffenarsenal. Eben jenes Abkommen sieht die Ukraine heute zu Recht durch die russische Annexion der Krim und das Mitmischen Moskaus im Donbass-Krieg verletzt.

Krawtschuks 1994 ins Amt gewählter Nachfolger Kutschma führte einerseits den außenpolitischen Kurs seines Vorgängers weiter: Seine sogenannte multivektorale Außenpolitik bedeutete freundliche Signale in alle Richtungen, wobei der Westkurs des Landes in den späten Neunzigern zusehends an Profil gewann; gleichzeitig stiegen in der Ära Kutschma die Oligarchen auf – mächtige Industrieunternehmer, die neben wirtschaftlicher Stärke auch politische Machtambitionen zeigten. Kutschma selbst war ein früherer Direktor eines Rüstungsunternehmens in der Industriestadt Dnjepropetrowsk. Es sollte sich ein Konkurrenzverhältnis zwischen seinen lokalen Vertrauten und den im Donbass im Kohle- und Stahl-Business zu Reichtum gekommenen Magnaten entspinnen. Zunächst aber benötigte der Präsident die Kooperation der ostukrainischen Eliten. Der aus der Industriestadt Jenakijewe stammende Viktor Janukowitsch sicherte als Donezker Gouverneur für Kutschmas Wiederwahl 1999 die Mehrheiten im Donbass – und wurde für seine Loyalität mit dem Job des Premierministers (2002-2004) belohnt. Er galt fortan als potenzieller Amtsnachfolger Kutschmas. Der Grundstein für die Quasi-Selbstverwaltung der Industrieregion durch lokale Eliten war gelegt: Solange sie die Oberhoheit Kiews nicht in Frage stellten, blieb der Donbass ihr Terrain.

Die unvollendete Revolution von 2004/05

Nach innen wurde Kutschma in seiner zweiten Amtszeit immer repressiver. Die Antwort der städtischen Eliten lautete „Ukraine ohne Kutschma", eine Bürgerbewegung, die nach dem Mord an dem Journalisten Georgi Gongadse im Jahr 2000 aufgrund Kutschmas vermuteter Verwicklung dessen Rücktritt forderte. Auch international isolierte die Affäre den Präsidenten. Unruhig ging es weiter: Bei der Stichwahl um das Amt des Staatschefs im Spätherbst 2004 lag der bisherige Ministerpräsident

Janukowitsch nach offensichtlichen Wahlfälschungen knapp vor dem proeuropäischen und vom Westen unterstützten Kandidaten Viktor Juschtschenko. Dies hatte Massenproteste, die sogenannte „Orange Revolution" zur Folge, die eine Wiederholung des Wahlgangs forderte. Das Parlament sprach der Regierung das Misstrauen aus, der Oberste Gerichtshof erklärte die Stimmabgabe für ungültig. Bei der zweiten Stichwahl siegte der von einer Dioxinvergiftung gezeichnete Juschtschenko und wurde Anfang 2005 als Präsident vereidigt.

Janukowitsch war also vorerst geschlagen. Das Führungsduo aus Präsident Juschtschenko und Premierministerin Julia Timoschenko stieß einige wichtige Reformen an: Die Macht des Präsidenten wurde eingeschränkt, die Rolle des Parlaments aufgewertet; außenpolitisch schrieb sich die neue Regierung die Westannäherung auf die Fahnen; der Ton zwischen Kiew und Moskau verschärfte sich. Doch ein interner Machtkampf zwischen Timoschenko und Juschtschenko lähmte das Land.

Die „Orange Revolution" blieb unvollendet: Sie war zweifelsohne ein demokratischer Aufbruch, der jedoch nicht zum erhofften tiefgreifenden institutionellen Wandel führte. Die Politikerbelegschaft blieb dieselbe; korrupte Praktiken und Postenschacher existierten weiterhin. Viele Bürger fühlten sich ausgenutzt und politikmüde. Die „Orange Revolution" habe erfolgreich autoritäre Tendenzen beschränkt, politischen Pluralismus und bürgerliche Freiheiten wiederhergestellt, schreibt Mykola Rjabtschuk. Kritisch fügt er an: „Sie versagte in dem Sinne, dass sie keine positive Dynamik schuf, sondern sehr langsame, inkonsistente Veränderungen brachte."

Die „Orange Revolution" machte auch regionale Unterschiede offensichtlich wie nie zuvor: Während im Westen und im

Zentrum eine Mehrheit den proeuropäischen Kurs unterstützt hatte, überwogen im Süden und Osten – vor allem auf der Krim und im Donbass – die Skeptiker. Oft ist in diesem Zusammenhang von einer „Zweiteilung" der Ukraine die Rede. Dieses Bild trifft die ukrainische Realität von Sprache und politischer Anschauung aber nicht. Die Wirklichkeit ist nuancenreicher. Zunächst die Sprachenfrage: Ja, die Mehrheit der Menschen in den Gebieten Charkiw, Donezk, Luhansk und auf der Krim ist russischsprachig; die Mehrheit im Westen spricht ukrainisch. In Kiew und den Gebieten östlich des Dnjepr sind wiederum beide Sprachen abwechselnd zu hören. Viele Menschen in den Weiten der Zentralukraine verwenden ganz pragmatisch Ukrainisch und Russisch, und es kann passieren, dass sie innerhalb eines Gesprächs von einer Sprache zur anderen wechseln. Es gibt in der Ukraine keine klare Sprachgrenze, die Übergänge sind fließend. Neben der Kategorie „Westen/Osten" gibt es auch erhebliche Unterschiede zwischen Stadt und Land. Für 30 bis 46 Prozent (laut verschiedenen Umfragen) ist Russisch die Muttersprache. Nach ethnischen Kriterien bezeichnen sich 17 Prozent der ukrainischen Bürger als Russen (Zensus 2001).

Zwischen Sprachgruppe, Ethnie und politischer Anschauung besteht nicht notwendigerweise eine Deckung. Man könnte von einer gewissen Korrelation sprechen: Menschen, die Russisch sprechen, haben häufiger ein positives Bild von der sowjetischen Vergangenheit und dem heutigen Russland als Menschen, deren Muttersprache Ukrainisch ist. Die Ostukraine, wo eine Mehrheit der Russischsprachigen und ethnischen Russen lebt, ist industrialisiert und daher stärker sowjetisch geprägt. Aber es gibt keine klare politische Trennlinie, wie dies Medienberichte manchmal behaupten, wenn sie mit dem Fluss Dnjepr einen sprachlich-politischen Graben zwischen zwei angeblichen „Landesteilen" ziehen. Die Verbundenheit zur UdSSR oder die Attraktivität des Putin'schen Regierungsstils ist auch eine Frage der Generationszugehörigkeit: Russophile oder sowjetnostalgische Einstellungen sind unter jungen Ukrainern wenig verbreitet.

Sonderfall Donbass: die Geschichte einer Industrieregion

Der Donbass ist ein Sonderfall in der Ukraine. Macht im Donbass zu haben bedeutete immer auch, Herr über dessen Rohstoffe zu sein. Die Geschichte ihrer Ausbeutung begann im späten 19. Jahrhundert. Damals wollte das russische Zarenhaus den an Bodenschätzen reichen Teil seines südwestlichen Reichs – das Donez-Becken oder Donbass – endlich im großen Stil erschließen. Man warb westliche Industrielle an, die das entsprechende Know-how beisteuern sollten. Einer davon war John Hughes. Hughes erstand am 18. April 1869 von der russischen Regierung ein Stück Land, das am Ufer des Flusses Kalmius lag. Der Grund war flach und der Boden fruchtbar. Doch Hughes, ein Geschäftsmann aus der südwalisischen Stadt Merthyr Tydfil, wollte im Südwesten des Zarenreichs keine Landwirtschaft betreiben. Er wollte den Boden nicht mit Pflügen bearbeiten, keine Setzlinge in die Schwarzerde stecken. Er wollte Schätze aus ihr bergen. Ein gutes Jahr später, im Sommer 1870, segelte Hughes mit acht Schiffen und 100 Arbeitern nach Russland. In den Folgejahren errichtete er auf seinem Grund eine Stahlfabrik, er förderte Kohle, stellte Koks, Eisen und Stahl her und baute eine Eisenbahnlinie. Die Arbeitersiedlung, die rund um die Betriebe entstand, wurde ihm zu Ehren slawophon „Jusow-ka" genannt: die Stadt von Hughes. Die Arbeitersiedlung entwickelte sich rasant: 1870 lebten 164 Menschen in dem Ort; eine Dekade später bereits 4000. 1924 wurde daraus Stalino („Stahlstadt"), 1961 das heutige Donezk.

John Hughes konnte bis zu seinem Lebensende nicht schreiben, was den Industriemagnaten jedoch nicht daran hinderte, in großen Maßstäben zu denken wie andere Gründerväter seiner Generation: Er ließ Arbeiterquartiere, Schulen, ein Spital, öffentliche Bäder und eine Kirche bauen. Ende des 19. Jahrhunderts war Hughes' Stahlwerk, das nach seinem Tod 1889 seine Söhne weiterbetrieben, das größte im Zarenreich. Aus den Industriebetrieben des Donbass bezog das russische Reich mehr als 80 Prozent seiner Kohle und 50 Prozent seines Eisens.

Hughes' Firma hieß „New Russia Company Limited". Neurussland, Noworossija, das die Donezker Separatisten heute wieder in ihren Reden bemühen, nannte man im 19. Jahrhundert die Gebiete nördlich des Schwarzen Meers, die das Zarenreich den Osmanen abgetrotzt hatte. Bekannt ist die Steppengegend im Grenzgebiet zwischen Russland und der Ukraine auch unter einem anderen Begriff, der ihre Lage am Rande historischer Imperien betont: als „wildes Feld", *dikoje polje*, einst Einfallsort für die Reitervölker aus dem Osten, Siedlungsgebiet der Kosaken, die die Grenzen sichern sollten.

Industrielle wie Hughes begründeten die Schwerindustrie des Donbass. Die Sowjets bauten später, als die Besitzungen der Familie 1919 von den Bolschewiken nationalisiert wurden, auf diese Erfahrungen auf. Im Sowjetreich wurde die Industrialisierung zur Staatsdoktrin. Jahrzehntelang erfüllte sie die Region, die in den 1920ern an die Ukrainische Sowjetrepublik ging, mit proletarischem Stolz. Im Donbass entstanden im Schatten der Kohlebergwerke, Stahlhütten, Lokomotivfabriken und der chemischen Industrie ganze Ortschaften. Die industrielle Monokultur der „Company Towns" beunruhigte im Kommunismus niemanden, sollte sich aber zum strukturellen Problem für die Region entwickeln, als die regional stark verzahnte Sowjet-Wirtschaft nach 1991 auseinanderbrach. Doch vorerst kamen die Menschen aus allen Ecken und Enden des Großreichs, um im Donbass für harte Arbeit sicheres Geld zu verdienen. Patrone – einst Hughes, in der Sowjetzeit die bereits erwähnten „roten Direktoren" – waren in diesem System die Garanten für das Wohl der Bevölkerung. Das Schicksal der Arbeiter war an das Schicksal der Betriebe geknüpft. Die Schattenseiten – die riskante Arbeit, die Hungersnot, die Ausbeutung von Zwangsarbeitern – werden bis heute weniger gern beleuchtet.

Nach dem Zerfall der Sowjetunion blieb im Donbass zunächst vieles, wie es war. Die meisten Minen, die meisten Werke liefen weiter, obwohl sie nicht mehr besonders rentabel waren. Die Unabhängigkeit der Ukraine, für die die Bürger mehrheitlich gestimmt hatten, blieb wenig greifbar in einer Region, in der die sowjetische Gruppen-Identität die multikulturelle Herkunft der Bewohner oder die sich herausbildende nationale Idee überlagerte.

Allmählich entstand im Donbass ein neuer Unternehmertyp, der die „roten Direktoren" ablöste: Oligarchen wie Rinat Achmetow, die nicht davor zurückschreckten, ihren Besitz auch mit unlauteren Praktiken zu vergrößern. Achmetow versammelte in seinem Wirtschaftsimperium Banken, eine Medienholding und natürlich Bergbau- und Metallurgiebetriebe. Trotz seiner Verluste im Zuge der russischen Krim-Annexion und im Ostukraine-Konflikt galt er auch 2015 als reichster Ukrainer. „Forbes" schätzte sein Vermögen im Vorjahr auf knapp sechs Milliarden Euro. Das Donezker System der Patronage, in dem der übermächtige Dienstgeber, der *chosjain*, über das Wohl seiner Untergebenen wacht, fand seine zeitgenössische Form: Achmetow errichtete ein wahrhaft prächtiges Fußballstadion für seinen Verein Schachtjor Donezk, er ließ die örtliche Oper bezuschussen und förderte Sozialeinrichtungen. Gleichzeitig baute er in enger Zusammenarbeit mit Janukowitsch eine politische Partei auf, die „Partei der Regionen", die in den Jahren seit der Jahrtausendwende – mit einer kurzen Verzögerung durch die „Orange Revolution" – landesweit nach der Macht griff.

Doch eben dieser Machtanspruch des Donbass auf die ganze Ukraine barg Konflikte: Der Donezker Clan war überall außerhalb der Industrieregion extrem unbeliebt, die „Partei der Regionen" galt als korrupte Partei der Macht. Wie die deutsche Politologin Kerstin Zimmer beschreibt, hatten sich seit der „Orangen Revolution" auch gegenseitige Stereotype – „nationalistische" Ukrainer versus „fehlerhafte", weil russifizierte Donbass-Bewohner – landesweit verbreitet.

Janukowitschs Rückkehr an die Macht

Bei der Präsidentenwahl 2010 mobilisierte die „Partei der Regionen" erfolgreich die Wähler in ihrer Machtbasis im Südosten. In der – demokratisch korrekt abgelaufenen – Stichwahl zwischen Janukowitsch und Timoschenko unterlag die Premierministerin knapp um drei Prozentpunkte. Viele prowestliche Wähler blieben zu Hause, weil ihre Idole entzaubert waren. Der Präsident hatte ein Hauptziel: Die Schmach von 2004 sollte gerächt werden und – noch wichtiger – sich nie mehr wiederholen.

Die Amtszeit Janukowitschs begann mit einem Bruch der Verfassung: Eine neue Koalitionsregierung sollte das Regieren vereinfachen; sie wurde mit abgesprungenen Einzelmandataren anderer Fraktionen im Parlament beschlossen. Laut ukrainischer Gesetzgebung dürfen Parlamentskoalitionen nur aus Fraktionen bestehen. So wurde die unangenehme Zusammenarbeit mit der politischen Konkurrenz umgangen. Im Westen wollten viele nach dem „orangen Chaos" eine notwendige Konsolidierung und Stabilisierung der Ukraine erkennen. Janukowitsch verlor keine Zeit: Wichtige Ämter wurden mit Donezker Verbündeten besetzt, das Verfassungsgericht umgefärbt. Die Verfassung von 1996, die die Regierung dem Präsidenten unterordnet, wurde wieder eingesetzt; die Machtbefugnisse waren nach der „Orangen Revolution" beschnitten worden. Janukowitsch konnte eine ihm genehme Regierung einsetzen und verfügte über eine Parlamentsmehrheit. Er ging daran, den Staat nach dem – in vielen postsowjetischen Staaten verbreiteten – Prinzip „The Winner Takes It All" zu gestalten: Wer im Staat die Macht erlangt, dem gehört sie voll und ganz. Die abgewählte Opposition musste mit Drangsalierung, Verfolgung und im schlimmsten Fall mit Gefängnis rechnen.

Zentrales Instrument der politischen Herrschaft war die „Partei der Regionen". Sie war eine Partei des (vorrangig ostukrainischen) Kapitals, ihrem Auftreten nach sowjetisch (damit punktete man beim sowjetnostalgischen Elektorat), weltanschaulich konservativ. Eine Partei als Investitionsobjekt, mit dem finanzkräftige Gönner ihre politische Machtbasis begründeten. Unter den „Regionalen" gab es mehrere widerstreitende Fraktionen: Der Oligarch Rinat Achmetow galt als Janukowitschs anfänglicher Finanzier, der einer europäischen Annäherung nicht abgeneigt war. Mit fortschreitender Amtszeit erlangten Personen Einfluss, die man in der Ukraine als „Familie" bezeichnete: Janukowitschs Sohn Alexander, der in Windeseile reich wurde und in Donezk die Fäden zog, oder Vizepremier Serhij Arbusow, der Familienbanker der Janukowitschs. Ein weiterer einflussreicher Zirkel bestand um Dmitro Firtasch und den Chef von Janukowitschs Präsidialverwaltung, Serhij Ljowotschkin, die den Gashandel kontrollierten. Dagegen galt der in Russland geborene Premier Mykola Asarow als Vertreter des prorussischen Flügels. Der schnelle Aufstieg der „Familie" und deren kleptokratisches Gebaren führten auch zu Unruhe innerhalb der Partei – und waren mit ein Grund für ihren späteren rasanten Zerfall.

Janukowitschs Appeasement-Politik mit Russland schlug sich auch in folgenschweren Deals nieder: Es kam zu Handgreiflichkeiten im Parlament, als kurz vor den Parlamentswahlen im Oktober 2012 eine Mehrheit der Abgeordneten für die Einführung von Russisch als „regionaler Amtssprache" stimmte. Janukowitsch hatte seine Wähler im Osten schon lange mit dem populistischen Versprechen bei der Stange gehalten, Russisch als zweite nationale Amtssprache einzuführen – ein Schritt, den er dann doch nicht wagte und für die kleine Lösung optierte. Sprachenpolitik wurde als klientelistisches Instrument und „Waffe" eingesetzt, die die Bürger trennte, anstatt ihre Partizipation im Staat zu garantieren. Ebenso umstritten war zwei Jahre zuvor die Verlängerung des Pachtvertrags der russischen Schwarzmeerflotte bis ins Jahr 2042 gewesen, die im

Gegenzug einen bedeutenden Preisnachlass für (überteuertes) russisches Gas brachte. Für nationalbewusste Ukrainer setzte der Präsident damit die Souveränität des Landes aufs Spiel. Mykola Rjabtschuk schrieb in einem beinahe prophetischen Kommentar über den Donezker Clan: „Sie scheinen zu glauben, dass die Ukraine wie Russland oder ihr heimatlicher Donbass regiert werden kann. Sie irren sich und werden sicher versagen. Aber der Preis ihres Versagens könnte sehr hoch sein, und was noch schlimmer ist, alle Ukrainer werden dafür bezahlen müssen, nicht nur ihre obsoleten Herrscher."

Es war schließlich die Verfolgung politischer Gegner, insbesondere die Verfahren wegen angeblichem Amtsmissbrauch gegen den früheren Innenminister Jurij Luzenko und Ex-Premierministerin Timoschenko, die die internationale Gemeinschaft alarmierte. Kommentatoren schrieben, was EU-Politiker schon länger hinter vorgehaltener Hand gesagt hatten: Janukowitsch näherte sich in seinem Regierungsstil seinen Nachbarn Alexander Lukaschenko und Wladimir Putin an. Zwar besaß der ukrainische Staatschef niemals so viel Macht wie die beiden Autokraten – dazu waren Opposition, Zivilgesellschaft und Medien in der Ukraine zu lebhaft –, jedoch versuchte er die Grenzen immer weiter auszureizen. Die Ukraine glich in den vier Jahren der Regierung unter Janukowitsch einer Imitation von Demokratie und Diktatur.

Am 11. Oktober 2011 erging das Urteil in dem vielbeachteten Timoschenko-Prozess. Sieben Jahre Haft verkündete der junge, unerfahrene Richter, der die Verhandlung in einem stickigen und überfüllten Zimmer eines Kiewer Bezirksgerichts geleitet hatte. Im Fall Timoschenko steckte die Kommunikation zwischen Brüssel und Kiew in einer Sackgasse fest. Die EU, die vieles vorher akzeptiert hatte, was in der Ukraine passierte, sprach plötzlich von einem „politisch motivierten Prozess". Sie forderte Timoschenkos Freilassung. Kiew müsse sich „gesichtswahrend" aus der Affäre herauswinden. Kiewer Bürokraten hingegen behaupteten in jenen Tagen gern steif und fest, die ach so große Unabhängigkeit der ukrainischen Justiz müsse gewahrt bleiben. „Unsere Justiz muss arbeiten und Fakten schaffen", erklärte der damalige Außenminister Konstantin Grischenko im Gespräch. „Es geht nicht an, dass uns unsere Freunde beraten, was wir mit diesem und jenem machen sollen, weil sie irgendjemanden sympathisch finden, ohne genau zu wissen, was wirklich passiert ist." Doch intern war selbst die „Partei der Regionen" gespalten: Während die Pragmatiker eine Beendigung der Affäre wünschten, befürworteten die Falken einen harten Weg, nämlich Straflager für Timoschenko.

Kiews Schaukelpolitik: Flirten mit Brüssel und Moskau

Die Timoschenko-Affäre erlangte deshalb so viel internationale Aufmerksamkeit, weil Kiew unter EU-Beobachtung stand. Nach dem russisch-georgischen Sommerkrieg von 2008 sann die EU auf neue Instrumente, wie sie ihre östlichen Nachbarn stabilisieren könnte. 2009 gründete man die EU-Ostpartnerschaft. Mit Hilfe von politischen und wirtschaftlichen Abkommen sollten die Beziehungen zu jenen Staaten intensiviert werden, die EU-Nähe wünschten. Ein Beitritt zur Union war damit nicht versprochen. Sogenannte Assoziierungsabkommen über politische Zusammenarbeit, gesetzliche Anpassungen an EU-Standards in vielen Lebensbereichen sowie Zollfreiabkommen (DCFTA genannt, Deep and Comprehensive Free Trade Agreement) waren die Instrumente, um die Kooperation zu vertiefen. Kiew war interessiert, versprachen sich doch vor allem die Großindustriellen ungehinderten Zugang zu europäischen Märkten. Ihr Vermögen und ihre Familien hatten sie sowieso schon in den Westen transferiert. Doch auch für die Bürger winkte am Ende des Prozesses die visafreie Einreise in EU-Länder anstatt des Schlangestehens vor EU-Botschaften. Innerhalb der „Partei der Regionen" war die Annäherung nicht unumstritten, insbesondere der prorussische Flügel fürchtete um die guten Beziehungen zu Moskau und hielt Brüssels Ankündigungen für leere Worte. Doch gleichzeitig war die Angst vor einem „Verschlucktwerden" durch den Kreml groß, sollte die Ukraine der von Putin als Gegenprojekt propagierten „Eurasischen Wirtschaftsunion" beitreten: Die ukrainischen Oligarchen fürchteten sich – nicht ohne Grund – vor einer Entmachtung. Janukowitschs Strategie war daher, möglichst lange auf Zeit zu spielen, um von beiden Blöcken ein Maximum an finanziellen und strategischen Zusagen zu erhalten. Der Präsident reizte seine Schaukelpolitik aus: Während er Moskau gegenüber die EU-Ambitionen herunterspielte und sich als slawischer Verbündeter gab, malten seine Vertreter im Westen ein Schreckensszenario an die Wand: Die EU dürfe die Ukraine nur ja nicht aufgeben, sonst fiele sie Moskau in die Hände. Es entstand die absurde Situation, dass die EU um eine Braut warb, die gar nicht alle Mitglieder unbedingt zur Frau wollten.

Wegen der Timoschenko-Affäre war die Stimmung auf dem Ukraine-Gipfeltreffen im Dezember 2011 denn auch äußerst kühl: Der damalige Ratspräsident Herman Van Rompuy und der frühere EU-Kommissionspräsident José Manuel Barroso standen mit ernsten Mienen neben Gastgeber Janukowitsch, dem der Triumph versagt blieb. Das fertige, 1200 Seiten starke EU-Assoziierungsabkommen wurde vorerst auf Eis gelegt; die Ukraine sei nun am Zug, hieß es aus Brüssel. Doch die Führung bewegte sich nicht. Nach dem Transfer Timoschenkos in ein Gefängnis im ostukrainischen Charkiw blieb die Stimmung angespannt – da half auch das europäische Fußballfest Euro 2012 nicht, das in Polen und der Ukraine stattfand. Berlin engagierte sich für eine Krankenbehandlung Timoschenkos in Deutschland, da sie über ein Rückenleiden klagte. Alle Versuche, die Inhaftierte außer Landes zu bringen oder eine vorzeitige Entlassung zu erwirken, scheiterten.

Im Sommer 2013 erhöhte Moskau den Druck auf Kiew. Es verstärkte die Warenkontrollen an den Grenzen, es kam zu tagelangen Wartezeiten und peinlich genauen Überprüfungen. Schließlich setzte es Importverbote für ukrainische Produkte wie Süßwaren und Fleisch. Betroffen war etwa das Süßwarenunternehmen „Roschen" von Petro Poroschenko, dem späteren Präsidenten. Seine berühmte „Kiewer Torte", ein luftiges Etwas aus Eiweißböden, Buttercremefüllung und Nougat, war plötzlich in Russland nicht mehr erwünscht. Der „Handelskrieg" – ein Krieg ohne Kriegserklärung – sollte der Ukraine zeigen, was das Land erwarte, sollte die EU das Assoziierungs- und Freihandelsabkommen mit dem Land tatsächlich wie geplant im November unterzeichnen. Der ukrainische Premier Mykola Asarow sprach von „Milliardeneinbußen" wegen der Behinderungen. Man werde die Zollformalitäten verstärken, wenn die Ukraine „den selbstmörderischen Schritt" täte und den EU-Vertrag unterzeichne, ließ Putin-Berater Sergej Glasjew wissen.

Im Herbst erklärte Moskau, das Assoziierungsabkommen verletze den gegenseitigen Vertrag über Freundschaft und Zusammenarbeit. Dann forderte Gasprom Schuldenrückzahlungen in dreistelliger Millionenhöhe. Die Ukraine, angeschlagen von der internationalen Finanzkrise und den Ausgaben für die Euro-Austragung, beschwichtigte. Bei der Businesselite aber hatte der Handelskrieg nicht die von Moskau erwünschte Wirkung: Die Oligarchen verstanden, dass sie in der Zollunion Moskau „komplett ausgeliefert" wären, wie der damalige österreichische Wirtschaftsdelegierte in Kiew, Gregor Postl, zutreffend analysierte. Die Ukraine bekräftigte ihren Willen, das Abkommen beim Ostgipfel in der litauischen Hauptstadt Vilnius Ende November zu unterzeichnen. Die Kursumkehr erfolgte am 21. November 2013.

An diesem Tag weilte Janukowitsch auf Staatsbesuch in Wien. In der Hofburg hatte er im Beisein von Bundespräsident Heinz Fischer vor Journalisten von den Anstrengungen der Ukraine bei der Erfüllung der EU-Forderungen gesprochen. „Je höher man steigt, desto mehr Hürden gibt es", erklärte er. In Kiew hatte das Parlament am selben Tag einen Gesetzesvorschlag abgeschmettert, der die Behandlung Timoschenkos im Ausland ermöglicht hätte. Doch Janukowitsch gab sich optimistisch. Die Nachricht platzte beim Mittagessen in die Runde: „Ukraine stoppt Vorbereitungen für Assoziierungsabkommen mit EU", lautete die einzeilige Meldung. In einer einseitigen Anordnung mit der Nummer 905-p, die von Premier Asarow unterzeichnet worden war, wurde das Assoziierungsabkommen samt Freihandelsvertrag eingefroren. Der Prozess werde suspendiert, um die „nationalen Sicherheitsinteressen zu wahren und die wirtschaftlichen Beziehungen zu Russland zu beleben"; für das Land sei eine EU-Annäherung zu kostspielig. Von Bundespräsident Fischer auf die Nachricht angesprochen, gab Janukowitsch den Ahnungslosen. Am Nachmittag fand ein österreichisch-ukrainisches Wirtschaftsforum in der Wirtschaftskammer statt. Die dramatischen Neuigkeiten verbreiteten sich. Bundespräsident Fischer erklärte in seiner Rede, ihm sei zu Ohren gekommen, die Ukraine werde den EU-Vertrag nicht unterzeichnen; er müsse sich erst Klarheit verschaffen. Janukowitsch, der nach Fischer ans Mikrofon trat, ging mit keinem Wort auf die veränderte Lage ein. „Im sowjetischen Stil", wie sich Gregor Postl erinnert, trug er seine einstudierte Rede vor. Er versprach, den Weg der EU-Annäherung „konsequent weiterzugehen". Der Präsident ignorierte einfach die Realität und tat, was er gut konnte: seine Zuhörer für dumm verkaufen.

Nicht nur die österreichischen Gastgeber, auch Brüssel war desavouiert. Die Bedingungen waren lange bekannt gewesen. Versuchte Kiew, mit unfeinen Methoden seinen Preis zu erhöhen? Erst im Dezember wurde bekannt, dass Moskau Kiew einen 15 Milliarden Dollar schweren Kredit versprochen hatte, drei Milliarden gab es sofort, zudem Nachlass beim Gaspreis. Geldgeschenke in dieser Größenordnung hatte die EU nicht vorgesehen. Janukowitsch hatte um den geopolitischen Kurs seines Landes gefeilscht wie ein Basarhändler. Doch bei den Kiewer Bürgern löste die Nachricht einen Sturm der Entrüstung aus: Sie fühlten sich an den Kreml verkauft. Noch am Abend des 21. November versammelten sich 2000 Menschen auf dem Kiewer Unabhängigkeitsplatz, dem Maidan, der knapp zehn Jahre zuvor Bühne der „Orangen Revolution" gewesen war.

Die Zivilgesellschaft erhebt sich:
der Aufstand des Euromaidan

Die Kalkulation der Führung, dass die Bevölkerung den Kurswechsel akzeptieren würde, ging nicht auf. In den folgenden Tagen strömten immer mehr Menschen auf den Platz, um an den „Euromaidan" genannten Protesten teilzunehmen. Waren es anfänglich vor allem proeuropäische Studenten und Intellektuelle, verbreitete sich die Bewegung rasant. Als es auf dem Gipfel von Vilnius am 28. und 29. November 2013 tatsächlich zu keiner Unterschrift kam, heizte das die Stimmung weiter an. Nach einem Polizeieinsatz mit Verletzten am folgenden Tag besetzten die Demonstranten Teile der Kiewer Stadtverwaltung und das Gewerkschaftshaus. Die Protestierenden begannen sich auf dem Maidan dauerhaft einzurichten und sich mit Barrikaden aus Holz, Autoreifen und mit Schnee gefüllten Säcken gegen eine Räumung abzusichern. Die Proteste weiteten sich auf andere Landesteile aus. Nach mehreren Zusammenstößen mit der Polizei radikalisierten sich die Forderungen der Demonstranten: Nicht mehr nur die Unterzeichnung des EU-Abkommens wurde gefordert, man wollte nun den Rücktritt der Regierung und des Präsidenten erwirken.

Trotz Eiseskälte und Temperaturen von bis zu –19 Grad hielten die Demonstranten auch im Jänner 2014 aus. Das war nur dank einer selbstorganisierten Logistik möglich. Dank Menschen wie Pawel Artjuch. Der IT-Fachmann Anfang 30 war einer der Logistiker, ohne die der Maidan nicht durchgehalten hätte. Nach seinem Arbeitstag im Büro brachte er mit seinem Auto Decken, Winterjacken, Bauarbeiterbrillen als Schutz gegen Tränengasangriffe, Benzin, Medikamente und Schokoriegel auf den Maidan, je nachdem, was gerade benötigt wurde, immer der Gefahr ausgesetzt, von der Miliz angehalten zu werden.

Artjuch – der mit seinem an den Seiten rasierten Schädel und den langen Haarsträhnen aussieht wie ein Kosake 2.0 – ist einer von vielen hier, die den Politikern nicht mehr vertrauen. Der Unterschied zum Maidan von 2004 sei der, dass „hier alles selbstorganisiert ist", wie er in einem Militärzelt erklärt, wo er sich am Holzofen wärmt. Wie so viele hier begreift er sich als patriotischer „Verteidiger des Landes", der sich gegen die Kidnapper eines Staates erhoben hat.

Mitte Jänner 2014 spitzte sich die Lage zu. Nach dem Erlass antidemokratischer Gesetze am 16. Jänner, die die Versammlungsfreiheit drastisch einschränkten, kam es abermals zu Straßenschlachten mit der Polizei, die sich den Angehörigen des „Rechten Sektors" – einer auf dem Maidan gebildeten Vereinigung rechtsradikaler und ultranationalistischer Gruppen unter der Führung von Dmitro Jarosch – entgegenstellte. Vor allem junge Teilnehmer waren überzeugt, dass die Zeit des friedlichen Protests vorüber war. Am 24. Jänner gab es die ersten Todesopfer: fünf Demonstranten und einen Polizisten. Die Gesetze wurden wenige Tage später zurückgenommen, die Regierung trat ab. Doch das Protestlager löste sich nicht auf, denn Janukowitsch war noch immer da und die Aktivisten wollten sich nicht mit kosmetischen Änderungen zufriedengeben: Ihnen ging es mittlerweile um einen grundlegenden Wandel des politischen Systems – um eine Entmachtung des Präsidenten und seines Clans.

Der Präsident hatte lange geglaubt, die Proteste aussitzen zu können. Echte Angebote machte er der Opposition in den Verhandlungen nicht. Die Sicherheitskräfte lavierten zwischen

Eskalation und Entspannung: Russland und Teile des Apparats, wie Innenminister Witali Sachartschenko, forderten hartes Durchgreifen, doch Janukowitsch blieb unschlüssig. Als er schließlich doch den Befehl gab, den Maidan zu räumen, stießen die Spezialkräfte des Innenministeriums und des Geheimdiensts SBU auf Gegner, die ihrerseits aufgerüstet hatten. Die Demonstranten verfügten über selbst gebastelte Waffen wie Molotowcocktails, Steinschleudern und Schilde. Berichte legen nahe, dass einige Aktivisten auch mit Schusswaffen ausgestattet waren. Am 18. Februar unternahmen Spezialeinheiten den Versuch der Erstürmung des Maidan; die Polizeieinheit „Alpha" stürmte das Gewerkschaftshaus, das in Flammen aufging; 25 Menschen starben. Polens Premier Donald Tusk warnte vor einem „Bürgerkrieg". Zwei Tage später kamen im Feuer von Scharfschützen bei der ausgerufenen „Anti-Terror-Aktion" mindestens 77 Menschen um. Getroffen von Kugeln brachen sie auf der Institutska-Straße zusammen; ihre Bauarbeiterhelme und dünnen Metallschilde boten keinen Schutz. Verletzte Demonstranten wurden ins Erdgeschoß des Hotels „Ukraina" am Maidan gebracht, wo sie von Freiwilligen notversorgt wurden. Auch mehrere Polizisten starben. Noch heute halten sich hartnäckig Gerüchte, wonach nicht die ungleich besser ausgerüsteten Spezialkräfte für die vielen Toten verantwortlich seien, sondern die Maidan-Kämpfer selbst. Der Europarat hat Kiew für die mangelnde Qualität der Ermittlungen kritisiert. Dennoch besteht kein Zweifel, dass die Eskalation von Seiten der Spezialeinheiten ausging.

Endlich wurde die EU aktiv. Der polnische Außenminister Radek Sikorski, der deutsche Außenminister Frank-Walter Steinmeier und sein französischer Kollege Laurent Fabius sowie der Moskauer Abgesandte Wladimir Lukin vermittelten am Donnerstag, dem 20. Februar 2014 Gespräche zwischen Janukowitsch und der Opposition. Freitagmittag, nach einer Nacht voller Verhandlungen, in denen Janukowitsch auf die Anwesenden realitätsfremd wirkte, einigte man sich mit der Opposition auf vorgezogene Neuwahlen bis Jahresende, die Rückkehr zur Verfassung von 2004, auf ein Ende der Gewalt und die Untersuchung der Todesfälle auf dem Maidan. Auch der Botschafter Moskaus paraphierte das Dokument, wiewohl Russland später von einem „illegalen Putsch" sprechen sollte.

Die Demonstranten am Maidan waren unzufrieden mit dem Kompromiss; sie wollten nicht weichen. Kurz nach der Unterzeichnung zog sich die Polizei aus dem Zentrum zurück. Der Sicherheitsapparat erkannte schmerzhaft: Der Noch-Präsident würde künftig den Beamten keinen Schutz mehr bieten können; also ließen sie ihn ihrerseits fallen. Die gegenseitige Deckung funktionierte nicht mehr, Janukowitschs Stützen der Macht fielen in sich zusammen wie ein Kartenhaus. Sikorski, der nach der Unterzeichnung verwundert den hastigen Abzug der Polizei registrierte, widersprach Moskaus späteren „Putsch"-Vorwürfen: „Die Regierung wurde im Stich gelassen."

„Der Minister war verschwunden", schildert auch der „Berkut"-Kommandant Wladimir aus dem Gebiet Sumy der „New York Times", „niemand nahm das Telefon ab", als er Freitagmorgen im Innenministerium anrief, um weitere Anweisungen zu erhalten. Als er schließlich jemanden erreichte, sagte der: „Alle Chefs laufen davon." Nicht nur der Sicherheitsapparat, auch Janukowitschs „Partei der Regionen" brach auseinander. Prominente Abgeordnete wie Serhij Tigipko sagten sich los. Das Parlament ordnete den Rückzug der Polizei an und setzte Innenminister Sachartschenko ab, der für den Einsatz verantwortlich war. Janukowitsch zog sich auf sein Anwesen Meschyhirja vor den Toren Kiews zurück. Er muss mit Schrecken realisiert haben, wie seine Macht von Minute zu Minute schwand. In den Morgenstunden des 22. Februar floh er im Helikopter aus seiner Residenz, begleitet von Leibwächtern. Die Abertausenden Ukrainer, die in den folgenden Tagen das luxuriöse Anwesen mit sündteuren Kitschmöbeln, Privatzoo und Hubschrauberlandeplatz besichtigten, konnten sich ein Bild machen von der Selbstbereicherung des Expräsidenten. In Kiew wurde die neue Regierung mit Übergangspräsident Alexander Turtschinow bestätigt und die alte Verfassung wieder eingesetzt. Nach einer tagelangen Irrfahrt in der Ukraine tauchte Janukowitsch am 28. Februar im südrussischen Rostow am Don auf. Seine Ära war zu Ende.

Doch die Ukraine kam nicht zur Ruhe. Der Kreml, der in der Protestbewegung eine Gefahr sah, sich aber bis zur Flucht Janukowitschs zurückgehalten hatte, trat auf den Plan. Die staatlich kontrollierten Medien hatten in den vergangenen Wochen ein Bild von Chaos, Neonazi-Umtrieben und Russophobie gezeichnet, den Machtwechsel in Kiew als „Staatsstreich" mit Hilfe des Westens dargestellt. Nahrung bekam die Propaganda, als das ukrainische Parlament als einen seiner ersten Schritte das von Janukowitsch eingeführte Sprachengesetz (Russisch als regionale Amtssprache) aufhob. Es war ein verheerendes Signal – und Wasser auf die Propagandamühlen der russischen Staatsmedien und Trolle, jener zur gezielten Provokation eingesetzten Internet-Kommentatoren: So wurden etwa Gerüchte gestreut, dass Russischsprachige in der Ukraine ab sofort um ihr Leben zu fürchten hätten. Unter der verunsicherten Zivilbevölkerung der Krim und des Donbass, die vor allem russische Medien konsumiert, verfestigten diese Berichte Skepsis und Ablehnung gegenüber den Kiewer Umbrüchen. Dass Übergangspräsident Turtschinow das Gesetz nie unterzeichnet hat, ging in der pro-russischen Propaganda (und teils auch im Westen) unter.

„Grüne Männchen" auf der Krim

Ein Grund für die späte Reaktion Moskaus ist darin zu sehen, dass in jenen Wochen die Olympischen Spiele im südrussischen Sotschi abgehalten wurden: Präsident Putin wollte sich die Feier nicht verderben lassen. Am Abend des 23. Februar fand die pompöse Abschlussveranstaltung statt. Da waren die Pläne zur „Heimholung" der Krim mittels russischer Spezialeinheiten längst ausgearbeitet. Hatte Putin zunächst jede Beteiligung abgestritten, so erklärte er später in einer propagandistischen Dokumentation des russischen Staatsfernsehens, am Morgen des 23. Februar den Einsatzbefehl für die Krim-Operation gegeben zu haben. Als die Sitzung um sieben Uhr morgens geendet hatte, habe er, Putin, zu seinen Kollegen gesagt: „Wir sind gezwungen, die Aktion zur Rückkehr der Krim nach Russland zu beginnen."

Es gibt Zweifel an Putins Darstellung: Nicht ins Bild passt etwa, dass Soldaten, die an der Operation teilnahmen, mit Orden geehrt wurden, in denen das Datum 20. Februar eingraviert ist. Dank der Recherchen des russischen Journalisten Oleg Kaschin ist bekannt, dass der „großrussische" Oligarch Konstantin Malofejew in Zusammenarbeit mit russischen Geheimdienstlern ebenfalls eine Mission auf der Krim unternommen hatte. Kaschin spricht von der Krim-Annexion als „Public-Private-Partnership", bei der Staat, Geheimdienst und Unternehmer gemeinsame Sache machten. Pläne zur Destabilisierung der Krim und des Donbass lagen schon länger in der Schublade. Angesichts der Erosion von Janukowitschs Macht und des Machtwechsels in Kiew wurden sie umgehend umgesetzt.

Ukrainische Analysten hatten stets befürchtet, die 2,3 Millionen Einwohner zählende Halbinsel würde zum geopolitischen Konfrontationspunkt werden. Weder das offizielle Russland noch die Mehrheit der Russen hatten die Krim je als ukrainisches Territorium akzeptiert. Katharina die Große hatte die Krim 1783 dem Osmanischen Reich abgetrotzt und ins Russische Reich eingegliedert. 1944 vertrieb Stalin die Krimtataren fast vollständig, russische und ukrainische Bürger bezogen deren Häuser. 1954, die Krim gehörte offiziell zur Russischen Sowjetrepublik, übergab Nikita Chruschtschow die Halbinsel an die Sowjetukraine. Die Entscheidung hatte wenig politische Tragweite und diente primär dazu, die Modernisierung der Infrastruktur – Wasser, Elektrizität, Gas – über die ukrainische Festlandverbindung voranzutreiben. Die Krim war im Krieg verwüstet worden und bevölkerungsarm. In der unabhängigen Ukraine erhielt sie dann den Status einer Autonomen Republik, nachdem es in den 1990ern zu Sezessionsbestrebungen gekommen war. Trotz des Tourismus war die Halbinsel ein strukturschwaches Gebiet, angewiesen auf Transferleistungen aus Kiew. Ein gewisses „russisches" Selbstverständnis überdauerte die Jahre: Hier war die russische Schwarzmeerflotte stationiert, Sewastopol galt als „russische Stadt", die Halbinsel war beliebter Altersruhesitz russischer Militärs, Beamter und Geheimdienstler. 58 Prozent der Bevölkerung sind russischstämmig, ein

Viertel Ukrainer, zwölf Prozent Tataren. Krim-Politiker – etwa Mitglieder der dominierenden „Partei der Regionen" und die Kommunisten – kokettierten mit prorussischen Standpunkten.

Ende Februar 2014 war die Stimmung auf der Krim aufgeheizt: In Sewastopol wählten die Anwesenden auf einer prorussischen Kundgebung einen „Volksbürgermeister". Freiwillige formierten sich in einer „Selbstverteidigung der Krim". Vor dem Krim-Parlament gerieten prorussische und krimtatarische Demonstranten aneinander; Letztere wollten eine Sondersitzung der Abgeordneten über die Zukunft der Krim verhindern. Am 27. Februar stürmten gegen 4:20 Uhr mehrere Bewaffnete das Krim-Parlament. Hinter verschlossenen Türen – unabhängige Journalisten waren nicht zugelassen – stimmte ein Teil der Abgeordneten für die Absetzung des bisherigen Premiers, die Einsetzung von Sergej Aksjonow und für die Abhaltung eines Referendums. Aksjonow war ein prorussischer Politiker mit krimineller Vergangenheit (Deckname „Goblin"), dessen Splitterpartei bei den letzten Wahlen gerade einmal vier Prozent erhalten hatte. Bewaffnete ohne Militärabzeichen besetzten am nächsten Tag den Flughafen von Simferopol und bauten sich vor ukrainischen Kasernen auf. Sie sprachen kein Wort, waren aber bestens ausgerüstet: Die Funkverbindung im Ohr deutete auf ein zentrales Kommando hin, sie trugen Maschinenpistolen, Helme und Nachtsichtgeräte. Die sogenannten „grünen Männchen" waren russische Speznas-Einheiten. Am 1. März gab Russland offiziell bekannt, dass sein Heer die Rechte russischer Bürger in der Ukraine schützen werde: Ab sofort hing der Einsatzbefehl wie ein Damoklesschwert über der Ukraine; zur Untermauerung stationierte Moskau tausende Soldaten an seiner Westgrenze.

Zwei Wochen später stimmten bei einem eilends organisierten Referendum, das von vielen ethnischen Ukrainern und Krimtataren boykottiert wurde, 97 Prozent für den Anschluss an Russland. Unabhängige internationale Beobachter gab es keine, wohl aber Bewaffnete, die die Wahllokale „sicherten". Der Menschenrechtsrat des russischen Präsidenten veröffentlichte im Mai einen Bericht über das Krim-Referendum, der besagte, dass die Zustimmungsrate lediglich bei 60 bis 70 Prozent gelegen habe; die Wahlbeteiligung bezifferte der Bericht auf 15 bis 30 Prozent. Das Dokument verschwand nach wenigen Stunden von der Internetseite. Die internationale Kritik an der Annexion und kritische Stimmen russischer Intellektueller konnten Putins Triumph nicht trüben: In Russland erlebte Präsident Putin nach der Krim-Operation ein ungeahntes Popularitätshoch. Die Proteste, die sich noch 2011 und 2012 gegen seine Partei „Geeintes Russland" gerichtet hatten, waren vergessen. „Krim nasch", tönte es triumphierend, „die Krim gehört uns." Am 21. März wurden die Halbinsel und Sewastopol offiziell als neue Entitäten in die Russische Föderation aufgenommen.

Spezialoperation im Donbass

In jenen Wochen schien eine Wiederholung der beinahe unblutigen Annexion der Krim auch in anderen Landesteilen der Ukraine möglich. Russische Nationalisten, Hardliner und Militärs machten sich für ein Eingreifen auch in der Südostukraine stark. Putin hoffte, mit einer Operation in „Neurussland" seinen Höhenflug zu verlängern und gleichzeitig sein übergeordnetes Ziel zu erreichen: eine nachhaltige Destabilisierung der

Ukraine. Die Zeichen standen gut: Die ukrainische Regierung hatte in der Krim-Krise keinerlei Waffengewalt eingesetzt. Die Armee war schlecht ausgestattet und nicht kampferprobt. Die Regierung hatte schon jetzt Mühe, das Land unter Kontrolle zu halten. Eine Einverleibung des Gebiets vom nordostukrainischen Charkiw bis hin zur Hafenstadt Odessa schien greifbar, wenn man die kiewskeptische Stimmung in der Bevölkerung auszunutzen verstand.

Die Männer, die auf der Krim im Einsatz waren, bekamen grünes Licht für Etappe zwei in der Ostukraine. Einer davon war Igor Girkin, genannt „Strelkow" (Schütze). Girkin, russischer Staatsbürger, schilderte später in einem Interview die bewaffnete Besetzung des Krim-Parlaments: „Die Volkswehr hat die Abgeordneten in das Parlament gejagt, damit sie die Anordnung (über die Vereinigung der Krim mit Russland, Anm.) unterschreiben." Mit einem Trupp Männer zog Girkin von Russland aus in den Donbass. Er gehörte zu jenen Bewaffneten, die am 12. April in Slowjansk und anderen Städten öffentliche Gebäude besetzten. Er habe „das Schwungrad des Krieges angeworfen", prahlte der Ex-Geheimdienstler später. „Wir haben alle Karten auf dem Tisch neu gemischt. Und wir haben von Anfang an begonnen, ernsthaft Krieg zu führen." Ohne den Einsatz von „Profis" wie Girkin wäre die Gegen-Revolte im Donbass wieder abgeklungen und der Konflikt friedlich lösbar gewesen.

In der Ostukraine war es schon im Winter zu Kundgebungen von Gegnern und Befürwortern des Euromaidan gekommen. Die Maidan-Befürworter waren zahlenmäßig unterlegen gewesen, und nach blutigen Zusammenstößen in Donezk am 13. März 2014 wagten sie kaum mehr öffentliche Kundgebungen.

Im März und in den ersten Apriltagen kam es immer wieder zu lokalen prorussischen Demonstrationen und Besetzungen öffentlicher Gebäude: In Donezk etwa der Gebietsverwaltung, in Luhansk der Geheimdienstzentrale. Diese anfänglichen Proteste wurden vermutlich von Mitgliedern der „Partei der Regionen" sowie vom Donezker Oligarchen Rinat Achmetow unterstützt, die so politischen Druck gegen Kiew aufbauen wollten. Doch die Sache geriet bald außer Kontrolle. Zu einer konzertierten Aktion kam es am 12. und 14. April, als gut ausgerüstete Bewaffnete Polizeistationen, Geheimdienstgebäude und Rathäuser in mehreren Donbass-Städten besetzten. Sie erbeuteten Waffen und errichteten Checkpoints. Zu Beginn bestanden die lauthals ausgerufene „Donezker Volksrepublik" (DNR) und die „Luhansker Volksrepublik" (LNR) aus nicht viel mehr als ein paar besetzten Gebäuden und Straßensperren. Doch in den folgenden Wochen rissen die Separatisten immer mehr Macht an sich, Polizisten wechselten die Seiten, Waffenarsenale wurden erbeutet, und aus versprengten Besetzern wurden Lokalherren, die die Kontrolle über ein zusammenhängendes Gebiet hatten. Die Fläche und Einwohnerzahl der DNR und der LNR variierten aufgrund der Kampfhandlungen in den folgenden Monaten; im Herbst 2015 umfassten sie zusammen ein Territorium von etwa 10.000 Quadratkilometern – halb so groß wie Niederösterreich oder Hessen – und etwa 2,7 Millionen Einwohner.

Mitte April rief der ukrainische Übergangspräsident Turtschinow eine Anti-Terror-Operation im Osten des Landes aus, die unter der Führung des Geheimdiensts SBU stand. Der Einsatz drohte zur Blamage zu werden: Zivilisten blockierten Panzer, Soldaten desertierten, Generäle waren nicht bereit, in die Städte vorzurücken. Erst Ende Mai nahm die militärische

Kampagne Fahrt auf. Doch da hatten sich die „Volksrepubliken" schon in einem Referendum für selbstständig erklärt. Noch waren viele Bewohner im Freudentaumel. Die Abstimmung über den Status war etwa für die 29-jährige Anja Tscherkass ein „Weckruf" für die Führung in Kiew. Die Betriebswirtin im Jeanskleid tritt für die Unabhängigkeit der Region ein. „Wir wollen selbst über unser Budget bestimmen", sagt sie, die angibt, früher „apolitisch" gewesen zu sein. Die Regierung in Kiew habe mit ihrer Militärreaktion ihre Chancen auf eine friedliche Lösung verspielt. Insbesondere die Zusammenstöße zwischen proukrainischen und prorussischen Demonstranten am 2. Mai in Odessa, wo bei einem Brand im Gewerkschaftshaus 48 Menschen (mehrheitlich Kritiker der Kiewer Regierung) starben, verhärteten die Fronten. Für viele Donbass-Bewohner war das von den Separatisten als „Massaker von Odessa" stilisierte tragische Ereignis mit ein Grund, zu den improvisierten Wahlurnen zu gehen. Für junge Männer wurde es zum Grund, sich den prorussischen Kämpfen anzuschließen.

Einen Anschluss an Russland wollte schon damals eher nur eine Minderheit; vielen schwebte wie Tscherkass ein unabhängiger oder autonomer Donbass vor, der die Einnahmen nicht länger ans ungeliebte Zentrum abliefern musste. Diese Stimmung bestätigte auch eine der letzten möglichen Umfragen des Kiewer Instituts für Soziologie von Mitte April: Damals sprachen sich nur 27 Prozent für eine Vereinigung mit Russland aus. Gleichzeitig gaben 72 Prozent an, die Regierung in Kiew für illegitim zu erachten. Viele waren enttäuscht und erzürnt über den geflohenen Janukowitsch: „Er hat uns fallen gelassen", sagt eine frühere Anhängerin Anfang 70. „Er hat nur an sich selbst gedacht." Diese Stimmung nutzten die Separatisten aus: „Alle, die die Befehle der Kiewer Junta erfüllen, sind Faschisten" stand auf großflächigen Plakaten in der Stadt Makiiwka geschrieben. Die Rhetorik verfehlte ihre Wirkung nicht: Ein Faschist ist im Donbass seit jeher der größte Feind des Volkes.

Kiew setzte für Ende Mai eilig eine Präsidentenwahl an – die neue Führung benötigte dringend internationale Anerkennung und einen klaren Arbeitsauftrag durch die Bürger. Der Favorit Petro Poroschenko versprach viel auf einmal: die Annäherung an Europa, wirtschaftlichen Aufschwung und baldigen Frieden. Begonnen hatte er seine Karriere als Geschäftsmann. Er handelte mit Kakaobohnen, später kaufte er Süßwarenfabriken. Seine Schokoladenmarke „Roschen" zählt zum hochwertigen Segment. Weitere Firmen wie eine Werft, Autofabriken und ein Fernsehkanal, der zu Janukowitschs Zeiten entschiedene Oppositionspolitik machte, sind in Poroschenkos Besitz. Er ist der siebtreichste Mann in der Ukraine mit einem geschätzten Vermögen von 1,4 Milliarden Euro. So erfolgreich wie sein Unternehmen versprach Poroschenko nun auch die Ukraine zu führen. Er habe 45.000 Jobs geschaffen, zahle überdurchschnittlich hohe Löhne, 420 Euro im Schnitt pro Monat, trage soziale Verantwortung: so warb er bei seinen Kundgebungen. „Warum soll das nicht auch mit 45 Millionen klappen?" Er erntete viel Applaus.

In allen Landesteilen jubelten Poroschenko die Menschen zu, außer im besetzten Donbass. Dort konnten die Wahlen, bei denen er sich im ersten Durchgang durchsetzte, nicht mehr abgehalten werden. Wahlleiter wurden entführt, die Wahllokale blieben geschlossen. Kiew hatte die Kontrolle über das Gebiet verloren. Überraschend erkannte Russland die Wahlen an – ein Zeichen, dass der Kreml nicht auf volle Konfrontation gehen wollte. Achmetow, der mittlerweile in Kiew für eine „geeinte Ukraine" Stimmung machte, hatte in Donezk nichts mehr zu sagen. Oder nur nach außen hin nicht? Denn seine leer stehende Residenz wurde von „Wostok", dem Bataillon des früheren Donezker Kommandanten der SBU-Spezialeinheit „Alpha", Alexander Chodakowskij, bewacht. Auch die Mehrzahl seiner Unternehmen blieb in seinem Eigentum und wurde nicht – wie bei anderen Oligarchen geschehen – nationalisiert. Viel ist über eine Kooperation zwischen Achmetow und den Separatisten spekuliert worden. Im Herbst 2015 veröffentlichten russische Hacker Dokumente, die eine frühe Zusammenarbeit zu bestätigen scheinen.

Während Slowjansk, wo Igor Girkin als Kommandant herrschte, immer mehr Kämpfer und Waffen erreichten, war es in Donezk bis Ende Mai ruhig. Doch am 26. Mai erreichte der Konflikt die Donbass-Metropole. Um drei Uhr früh besetzten Bewaffnete des Bataillons „Wostok" den Donezker Flughafen und verlangten den Abzug der ukrainischen Armee. Ein Ultimatum verstrich. Schließlich holten die Ukrainer zum Gegenschlag aus. Kampfflugzeuge und Helikopter feuerten auf die im Gebäude Verschanzten. Die Armee konnte den Flughafen einnehmen. Doch in die Stadt sollte sie nie gelangen.

In den folgenden Wochen rückte die Armee, unterstützt von Freiwilligenbataillonen wie „Donbass" und „Asow" (umstritten wegen seiner neonazistischen Anfänge), den Separatisten gefährlich nahe. Die Einnahme der „Separatistenfestung" Slowjansk am 5. Juni gilt als großer Erfolg; Girkin und seine Mannen waren zuvor in Lkws und Schützenpanzern nach Donezk abgezogen. Denis Bigunow, ein energiegeladener Mitarbeiter der Stadtverwaltung, erreichte seine Heimatstadt mit der Armee einen Tag später. Für ihn war die Heimkehr „wie die Befreiung 1945", erzählt der drahtige junge Mann. Die Armee gab Wasser und Nahrungsmittel am Lenin-Platz aus. „Obwohl sie uns beschimpften, haben die Bewohner unsere Wurst genommen", erinnert er sich kopfschüttelnd. Seit Tagen hatte es in der belagerten Stadt keinen Strom und kein Wasser gegeben. Bigunow, ein erklärter ukrainischer Patriot, widmet sich in Slowjansk seither der Entwicklung der Bürgergesellschaft – eine harte Arbeit. In Charkiw, Mariupol und Odessa hatte sich die Lage unterdessen stabilisiert. Aus dem Plan eines „Neurussland" von Charkiw über Donezk bis Odessa würde nichts werden. Dafür nahmen die Kämpfe in den sogenannten „Volksrepubliken" zu. Immer mehr Waffen und Kämpfer gelangten über die grüne Grenze von Russland in den Donbass. Eine besonders tragische Folge dieser Entwicklung war der Abschuss der Passagiermaschine der Malaysia Airlines mit der Flugnummer MH17 über der Ostukraine.

Der Abschuss der Boeing 777 sei ein „Game Changer", schrieb Julia Ioffe, Autorin des Journals „New Republic", kurz nach dem Unglück am 17. Juli 2014 auf Twitter. Wie viele Kommentatoren glaubte Ioffe, dass der Vorfall den Konflikt in der Ostukraine zwischen Armee und Separatisten grundsätzlich verändern werde. Dem war aber nicht so. Schon unmittelbar nach dem Unglück gingen die Kämpfe in der Umgebung so intensiv weiter, dass zeitweise an die Bergung der Opfer nicht einmal zu denken war. Auch eine professionelle Sicherung der Unfallstelle fand nie statt: Beweise verschwanden, Wertgegenstände wurden gestohlen.

Der niederländische Untersuchungsbericht vom Oktober 2015 bestätigte den Abschuss durch eine russische Buk-Rakete – ein

Faktum, das auch Moskau nicht mehr bestreitet, dabei war man dort anfänglich noch bemüht, gänzlich unterschiedliche Theorien vom Tathergang zu streuen. Die Rakete wurde mit großer Wahrscheinlichkeit aus dem von Separatisten kontrollierten Gebiet abgefeuert. Darauf deuten nicht zuletzt Recherchen des Internet-Investigativprojekts „Bellingcat" hin, das eine solche Rakete am selben Tag in der Separatisten-Stadt Snischne sichtete. Auch weitere Indizien legen nahe, dass die prorussischen Kämpfer über eine Boden-Luft-Rakete verfügten und den Flug MH17 – vermutlich ungewollt – abschossen. Der ukrainische Geheimdienst veröffentlichte Telefongespräche zwischen prorussischen Kämpfern kurz nach dem Unglück, die zwischen Aufregung und Ratlosigkeit über das Geschehene pendeln. In einem TV-Bericht der gewöhnlich von den Separatisten gefütterten russischen Station „LifeNews" unmittelbar nach der Katastrophe wurde fälschlicherweise behauptet, eine ukrainische Militärmaschine vom Typ Antonow sei bei Tores „versenkt" worden; mit ebendiesem Faktum brüstete sich Igor Girkin im russischen sozialen Netzwerk „VKontakte" – doch als man sich des Fehltreffers bewusst wurde, verschwand die Nachricht schnell. In den Tagen und Wochen vor dem Unglück hatten die Separatisten zahlreiche Helikopter und Transportflugzeuge der ukrainischen Armee aus geringerer Höhe abgeschossen und ihre Kontrolle des Luftraums stets hinausposaunt.

Der Abschuss der Boeing war ein tragischer Beweis dafür, wie hochgerüstet der Konflikt im Juli 2014 bereits war. National und international hatte man das Gefahrenpotenzial unterschätzt. Erst mit dem Unglück wurde dem internationalen Publikum schlagartig bewusst, dass im ostukrainischen Feld nicht bloß eine schlecht ausgestattete Armee von „Patrioten" gegen verwegene „Freiheitskämpfer" mit Kalaschnikows kämpfte. MH17 wurde zum makabren Symbol für die enorme Sicherheitsbedrohung, die von diesem Konflikt für Europa und für vollkommen Unbeteiligte ausgeht. Die spürbarsten Folgen gab es auf dem diplomatischen Parkett: Bald nach dem Abschuss erließ die EU Wirtschaftssanktionen gegen Russland; infolge der Krim-Krise waren nur unerwünschte Personen mit Einreiseverboten und Kontosperren belegt worden. Der Westen stellte sich erstmals in geschlossener Front gegen den Kreml und verurteilte die Unterstützung der Separatisten durch Moskau klar. Wie jedoch die Debatten in einigen EU-Ländern über eine mögliche Abschwächung der Sanktionen zeigen, schwand auch die innereuropäische Geschlossenheit im Lauf der Zeit.

Die Intensität der Kämpfe nahm nach dem Unglück sogar noch zu. Die ukrainische Armee, bisher auf dem Vormarsch, musste bald schwere Rückschläge hinnehmen, etwa im Kessel der Stadt Ilowajsk. Dort starben nach Angaben der Staatsanwaltschaft 459 Mann; Angehörige der Freiwilligenbataillone sprechen von viel höheren Opferzahlen. Ukrainische Verbände wurden auch im Süden an der Grenze zu Russland umzingelt; einige konnten fliehen, andere mussten sich ergeben.

Bis August schien eine Eroberung von Luhansk und Donezk zum Greifen nahe. Die Armee hatte die Städte umzingelt. Doch der militärische Erfolg hatte einen hohen Preis: Durch die Gefechte starben jetzt jeden Tag Zivilisten, in Luhansk brachen Wasserversorgung und Stromnetz zusammen. Menschen kauerten in Kellern. Die anfängliche Begeisterung für die „Verteidiger des Donbass" und die mutigen Kämpfer der prorussischen „Volkswehr" – die sogenannten *opoltschenzi* – war der Angst um das eigene Leben gewichen. Kollektiv machte man die ukrainische Armee für die Einschüsse verantwortlich; es gab auch Berichte, wonach die Separatisten mutmaßlich absichtlich ihr eigenes Terrain beschossen, um die Stimmung gegen Kiew weiter anzustacheln. Nachweisen lassen sich die Vorwürfe nur in Einzelfällen, nach sorgfältiger Prüfung. Doch oft gab es in der Hitze des Gefechts dazu schlicht keine Möglichkeit.

Endgültig wendete sich das Blatt, als Ende August aus Russland kommende Soldaten eine neue Front eröffneten. Im Süden des Donbass stießen sie von der Grenze nach Nowoasowsk vor, an eine Stadt am Asowschen Meer, und konnten erst vor der Stadtgrenze von Mariupol gestoppt werden. Das drohende Szenario, die Separatisten könnten einen Landkorridor auf die Krim schlagen, steht seither im Raum. Es ist ein Muster, das sich wiederholen würde: Entscheidende Schlachten wurden mit russischer Schützenhilfe bewältigt. Kiews Soldaten kamen so weit in Bedrängnis, dass Präsident Poroschenko schließlich im September 2014 der ersten in Minsk vermittelten Waffenruhe („Minsk I") zustimmte: Das zwölf Punkte umfassende Minsker Protokoll schrieb unter anderem die Einhaltung des Waffenstillstands und das Monitoring im Konfliktgebiet und entlang der russisch-ukrainischen Grenze vor. Das Monitoring sollte von Beobachtern der Organisation für Sicherheit und Zusammenarbeit in Europa (OSZE) übernommen werden – eine Entscheidung der 57 OSZE-Staaten. Auch wurden eine Dezentralisierung der Macht – mehr Rechte für die Regionen und ein „Sonderstatus" des Donbass – sowie die Abhaltung von Kommunalwahlen nach ukrainischem Gesetz beschlossen, ebenso ein Abzug der „Freischärler und Söldner". In einem Memorandum wurden zwei Wochen später Einzelheiten zum Abzug der schweren Waffen und der Einrichtung einer Pufferzone festgelegt. Letztlich blieben die Punkte aber sehr vage. Viele Forderungen – wie etwa die entscheidende Beobachtung der russisch-ukrainischen Grenze, über die Waffen in die Ukraine gelangen – harren ihrer Umsetzung. Die Ukraine war aufgrund ihrer militärischen Unterlegenheit im Herbst 2014 gezwungen, das Abkommen zu unterzeichnen. Doch der Waffenstillstand war von Anfang an brüchig: Trotz der Waffenruhe hallten an den Brennpunkten tagtäglich weiter hunderte von Schüssen, und die OSZE-Mitarbeiter notierten dies dem Mandat ihrer Mission entsprechend in ihren detaillierten Berichten, ohne die Gefechte stoppen zu können.

Das Minsker Protokoll und der nochmalige Anlauf zu einem Waffenstillstand – genannt „Minsk II", unterzeichnet am 11. Februar 2015 – sind Ansätze zu einer politischen Konfliktbeilegung. Gleichzeitig schreiben sie die Frontlinie fest und tragen so zum Einfrieren des Konflikts und zur nachträglichen Legitimierung erbeuteter Gebiete bei. In der Ukraine stehen „Minsk I" und „Minsk II" deshalb unter harter Kritik. So hat sich etwa die Frontlinie – im OSZE-Jargon „Kontaktlinie" – mehrfach zugunsten der Separatisten verschoben. Laut internationalen Angaben haben sich die Separatisten allein zwischen Februar und Oktober 2015 etwa 1500 Quadratkilometer Terrain angeeignet. Sie begradigten zahlreiche Kurven im Frontverlauf und brachten strategisch wichtige Orte unter ihre Kontrolle.

Besonders verlustreich waren die Kämpfe im Jänner 2015 um den Flughafen Donezk – ein für beide Seiten hochsymbolischer Ort mit logistischer Bedeutung. Gegen den Waffenstillstand „Minsk II" (er galt formell ab dem 15. Februar 2015) verstoßen wurde auch in Debalzewe, einem Eisenbahnknotenpunkt nordöstlich von Donezk, den die Separatisten mit russischer Militärhilfe einnahmen. Auch hier waren die Ukrainer am 18. Februar zum überhasteten Abzug unter Geschützfeuer gezwungen.

Dass sich nach den großen Schlachten zu Jahresbeginn 2015 die Lage im Donbass nicht maßgeblich beruhigte, zeigt die Opferstatistik der Vereinten Nationen. Von Mitte Mai bis Mitte August 2015 starben weitere 105 Menschen. Die Zahl der im Krieg in der Ostukraine Getöteten lag Ende 2015 konservativen Schätzungen zufolge bei mehr als 9000, mehrheitlich Zivilisten. Über 20.000 Menschen wurden verwundet. Man zählte 1,4 Millionen Inlandsvertriebene und mehr als eine Million Flüchtlinge im Ausland, größtenteils in Russland. Es waren vor allem einzelne Brandherde, an denen es weiter zu Eskalationen kam: Im Westen Donezks beim Ort Marynka, rund um den Flughafen, insbesondere in der Stadt Awdiiwka, sowie im Süden im Dorf Schyrokyne, bis die Separatisten es der ukrainischen Armee im Juli völlig zerstört überließen.

Zu Beginn des zweiten Kriegsjahres waren die Gegner in einem zermürbenden Stellungskrieg gefangen, in dem es kaum mehr etwas zu gewinnen gab. War die Armee zunächst unterlegen gewesen, konnte man nunmehr ein Gleichgewicht der Kräfte beobachten. Die Grenzen zwischen den von Armee und prorussischen Kämpfern gehaltenen Gebieten verfestigten sich, eine gewaltsame Verschiebung wäre für beide Seiten äußerst verlustreich. Das ukrainische Militär grub sich förmlich in den Schwarzerde-Boden ein, mehrere Verteidigungslinien, unterirdische Panzerverschläge und überdachte Schützengräben wurden errichtet.

Kriegsmüdigkeit in der Bevölkerung machte sich auf beiden Seiten bemerkbar. Im Juni 2015 organisierten in Donezk Bewohner der Außenbezirke eine Kundgebung für den Frieden.

Auch in den anderen Landesteilen war der Verdruss über den andauernden Konflikt spürbar. Heldenmythos und Aufopferung überzeugten nicht mehr so sehr wie zu Beginn, Sorgen über die Kosten des Krieges und die Verschleppung von Reformen nahmen zu. Hinzu kam das Leid: Viele Familien hatten Tote zu beklagen; Kriegsinvalide kehrten in Scharen von der Front zurück, von den psychischen Langzeitfolgen ganz zu schweigen.

Mit Anfang September 2015 trat ein von der OSZE vermittelter Waffenstillstand in Kraft, der erstmals für längere Zeit eingehalten wurde. Dank der Entspannung konnte mit der Reparatur von zerstörter Infrastruktur wie Wasserleitungen und Brücken sowie mit Entminung begonnen werden. Eine rasche politische Lösung im Donbass scheint dennoch unwahrscheinlich. Die Verfestigung des Konflikts ist von anderen Unruheherden im postsowjetischen Raum bekannt: Abchasien, Südossetien und Transnistrien. Im Ringen um die Vormachtstellung in seiner Nachbarschaft hat Moskau diese Konflikte eingefroren.

3   Das „nahe Ausland": Russlands Vormachtstreben im postsowjetischen Raum

Es war ein kolossaler Aufmarsch von Menschen und Militärgerät: Am 9. Mai 2015 feierte Russland die größte Militärparade seiner Geschichte. Das Ende des Zweiten Weltkriegs – „Großer Vaterländischer Krieg" genannt – jährte sich an diesem Tag zum 70. Mal. Am „Tag des Sieges" hatte die Sowjetarmee einst über Nazideutschland triumphiert. 70 Jahre später zeigte Präsident Wladimir Putin erneut geballte Stärke – gegenüber dem Westen. 16.000 russische Soldaten paradierten bei strahlendem Sonnenschein über den Roten Platz, gefolgt von modernster Militärtechnik. Zehntausende Menschen waren auf den Straßen. Das Staatsfernsehen übertrug die stundenlangen Feierlichkeiten live. Es war kein stilles Gedenken, es war ein bombastischer Event, der an die patriotischen Gefühle appellierte und nationale Größe zeigen sollte. Die meisten Bürger auf den Straßen waren begeistert. Doch es gab auch einzelne kritische Stimmen. Als „Fanal des Größenwahns" bezeichnete die Gedenk-Show etwa der Schriftsteller Viktor Jerofejew.

Der Held der Veranstaltung war Wladimir Putin, Russlands Präsident und Oberbefehlshaber der Streitkräfte. Die Kameras des Staatsfernsehens folgten ihm auf Schritt und Tritt, setzten ihn in Szene, im Gespräch mit Militärs und Veteranen, an der Ehrentribüne und anschließend an der Spitze des Gedenkmarsches für die Helden des Krieges. Doch der 9. Mai war kein ungetrübter Feiertag für den russischen Präsidenten. Der Großteil der eingeladenen Staatsgäste aus dem Westen hatte nämlich abgesagt.

Es geht nicht nur um symbolische Politik und diplomatische Ausweichmanöver. Europa und die Russische Föderation befinden sich seit Ausbruch des Konflikts in der Ukraine in der tiefsten Krise seit Ende des Kalten Krieges. Moskaus Mitgliedschaft in der G8 wurde auf Eis gelegt, die EU erließ Einreiseverbote gegen Russen, die für die Annexion der Krim und den bewaffneten Konflikt im Donbass mitverantwortlich gemacht werden. Wirtschaftssanktionen verbieten die Lieferung von Militärgütern und Technik für den russischen Energiesektor und stellen Finanzgeschäfte mit russischen Staatsbanken unter Strafe. Moskau, das die Sanktionen allmählich zu spüren begann, hat seinerseits „Gegensanktionen" gegen westliche Produkte erlassen und medienwirksam „illegale" West-Lebensmittel verbrannt. Ende Mai 2015 wurde eine „schwarze Liste" publik, die 89 europäischen Politikern die Einreise verbietet – darunter viele russlandkritische Politiker aus dem Baltikum, den Niederlanden, Deutschland und Schweden.

Russlands innere Restauration durch Wladimir Putin

Putin gibt in Russland seit mehr als 15 Jahren den Ton an. 1999 wurde der bis dahin nahezu unbekannte gebürtige Leningrader Ministerpräsident unter Boris Jelzin und bald darauf Präsident. Als Staatchef führt Putin das 144 Millionen Einwohner zählende Land seit damals – mit Ausnahme der Zeit von 2008 bis 2012, als er mit Premier Dmitrij Medwedew die Rollen tauschte, nur um danach abermals ins Präsidentenamt gewählt werden zu können.

Innenpolitisch verfolgte Putin von Anfang an die Strategie einer Konsolidierung der Macht. Freie Medien wurden unter seine Kontrolle gebracht (allen voran das einflussreiche Fernsehen), die politische Opposition an den Rand gedrängt. Oligarchen, die sich den neuen Putin'schen Regeln nicht beugen wollten, wurden verhaftet oder des Landes verwiesen, Putins St. Petersburger Verbündete in einflussreiche Positionen gehievt. Die ins Budget laufenden Petrodollars ermöglichten eine gewisse Prosperität und damit Legitimation eines Systems, das den Anschein einer Demokratie hat, aber keine ist. Dennoch hat sich in Russland heute in weiten Teilen der Bevölkerung die Ansicht durchgesetzt, dass Putins harte Hand der gesellschaftlichen Offenheit, aber auch der chaotischen Transformation der Jelzin-Jahre vorzuziehen ist. Viele Russen ziehen ein halb-autoritäres System, das vordergründig wirtschaftliche und politische Stabilität bietet (und, solange man sich nicht weiter auffällig verhält, auch Ruhe), der persönlichen Freiheit und liberalen Orientierung vor. Aber auch politische Alternativlosigkeit und die Angst vor den Unwägbarkeiten einer Post-Putin-Ära machen sich in der Gesellschaft bemerkbar.

Nur einmal in den vergangenen eineinhalb Jahrzehnten wankte Putins Herrschaft: Nach offensichtlichen Fälschungen bei der Duma-Wahl im November 2011 kam es zu Großdemonstrationen in Moskau und anderen Großstädten. Die jungen Menschen, die sich in der Eiseskälte auf die Straßen gewagt hatten, bezeichneten Putin als „Dieb", der die Wahlen gestohlen habe. Doch aufgrund des geschlossenen Einschreitens der Sicherheitskräfte, die die Menschen von den Straßen vertrieben und den „Ruhestörern" hohe Haftstrafen aufbrummten, sowie einer Anzahl restriktiver Gesetze saß Putin bald darauf wieder fest im Sattel. Seit 2012 hat sich die religiös-orthodoxe und nationalistisch-großrussische Unterfütterung seiner Herrschaft intensiviert. Es ist diese Ideologie, die die „Heimholung" der Krim als Hintergrundmusik begleitet hat. Begriffe wie „russischer Frühling" (*russkaja wesna*) oder das damals allgegenwärtige schwarz-orange gestreifte Sankt-Georgs-Band sind die Insignien dieser Ideologie, die eine Massenbewegung ausgelöst und Putin Zustimmungswerte von mehr als 80 Prozent beschert hat.

Die außenpolitische Mission des Kreml

„Wie andere Staaten der Welt hat auch Russland an bestimmten Regionen ein privilegiertes Interesse", erklärte Dmitrij Medwedew 2008. Die „bestimmten Regionen" sind der gesamte postsowjetische Raum. In der russischen Sprache gibt es dafür einen eigenen Ausdruck: „nahes Ausland".

Das Denken in Einflusssphären hat in Russland Tradition. Schon in der Sowjetunion gestand man den Satellitenstaaten nur eine beschränkte Souveränität zu. Dieser Ansatz wurde als „Breschnew-Doktrin" bekannt. Sowjetführer Leonid Breschnew erklärte im November 1968: „Die Souveränität der einzelnen Staaten findet ihre Grenze an den Interessen der sozialistischen Gemeinschaft." Zuvor waren Truppen des Warschauer Pakts auf ein angebliches Hilfsersuchen tschechischer Politiker hin im Prager Frühling eingeschritten; Breschnews Erklärung rechtfertigte die Niederschlagung nachträglich. Auch die sowjetische Militärintervention in Afghanistan bezog ihre Legitimität aus der Breschnew-Doktrin. Unter dem späteren Sowjetführer Michail Gorbatschow wurde sie im Jahr 1988 zwar aufgehoben, jedoch blieb der Gedanke in außen- und verteidigungspolitischen Konzepten weiterhin präsent.

Nach dem Zerfall der Sowjetunion wurde in den 1990er Jahren der Begriff des „nahen Auslands" für Russlands Beziehungen zu den Nachfolgestaaten der Sowjetunion gebräuchlich. Die Organisation „Gemeinschaft Unabhängiger Staaten" (GUS) diente als ein Instrument, mit dem Russland nach wie vor politischen und wirtschaftlichen Einfluss auf die unabhängigen Republiken ausüben konnte. Auch die militärische Integration und eine gemeinsame Sicherheitspolitik waren ein Ziel Russlands, das als Nachfolger der Sowjetunion mit Militärbasen auf dem Gebiet der Ex-Sowjetunion vertreten war – und weiterhin sein wollte. Nachdem die GUS in die Bedeutungslosigkeit abgerutscht war, entwarf Moskau ein neues Projekt zur Konsolidierung seiner Nachbarschaft: Die „Eurasische Wirtschaftsunion" ist als wirtschaftliches und weltanschauliches Gegengebilde zur Europäischen Union gedacht. Sie hat nicht bei allen potenziellen Mitgliedskandidaten Begeisterungsstürme entfacht, da sie strukturell eine russische Dominanz in den Wirtschaftsbeziehungen – Absatzmärkte für russische Güter – fortführt. Neben den Gründungsmitgliedern Kasachstan und Weißrussland haben sich bisher nur Armenien und das wirtschaftlich schwache Kirgisistan zu einem Beitritt bewegen lassen. Das zentralasiatische „Armenhaus" Tadschikistan hat Interesse angemeldet. Doch ohne die industriell starke Ukraine ist die Union Stückwerk – und auch als Gegenprojekt zur EU nicht überzeugend.

Auf der Bühne der internationalen Beziehungen bedeutete das: Der Erweiterungskurs von EU und NATO nach Osten stieß in Moskau auf Skepsis. Zwar akzeptierte Moskau zunächst diese Schritte im Falle der EU-Beitrittswelle Mittelosteuropas und der baltischen Staaten im Jahr 2004. Zum ersten großen Knall kam es auf der Münchner Sicherheitskonferenz 2007. Dort fand Putin scharfe Worte: Die USA beschuldigte er, eine „monopolare Weltherrschaft" anzustreben. Auch die NATO-Osterweiterung kritisierte er scharf, weil sie „bis an unsere Grenzen" reiche. Die Teilnehmer der Sicherheitskonferenz reagierten verstört. Von einem „Bruch" zwischen Ost und West war damals schon die Rede. Seither sind noch viele weitere Vorfälle dazugekommen, die das Verhältnis trüben: die internationale Anerkennung der Unabhängigkeit des Kosovo 2008, gegen die Moskau opponierte; die NATO-Bombardements in Libyen 2011, gegen die der Kreml protestierte; die Diskriminierung von Homosexuellen und Kontroversen rund um die pompösen Olympischen Spiele in Sotschi und nicht zuletzt Russlands militärisches Vorpreschen in Syrien auf Seiten des Machthabers Baschar al-Assad. Die Protestbewegungen in seiner Nachbarschaft interpretiert der Kreml als imperialistisches Instrument von USA und NATO: von der „Rosenrevolution" in Georgien 2003 über die ukrainischen Aufstände und die Proteste gegen hohe Strompreise im verbündeten Armenien bis hin zur Anti-Korruptionsbewegung in der Republik Moldau (beides 2015).

Nicht zuletzt in wirtschaftlicher Hinsicht ist die Wahrheit weit von der Version entfernt, die heute in Russland kommuniziert wird: Der Westen freue sich angeblich, wenn Russland „schwach" sei. Die nach Weltherrschaft strebenden USA trieben einen Keil zwischen Russland und das „naive" Europa.

Putins Aussage, der Zusammenbruch der Sowjetunion sei die größte geopolitische Katastrophe des 20. Jahrhunderts gewesen, ist oft zitiert worden. Ihm geht es nicht um die Wiedererrichtung des sowjetischen Systems – wiewohl Nostalgie und der Kult um Stalin als „Einiger" der Nation als ideologisches Schmiermittel für seine aktuellen Pläne dienen. Er will Russland in den Rang einer Weltmacht setzen und erhebliche Kontrolle über die unmittelbare Nachbarschaft ausüben. Ob die Nachbarn dies wollen, ist zweitrangig. Zur Realisierung dieses hegemonialen Projekts findet nicht nur „Soft Power" wie mediale Propaganda Anwendung. Moskau setzt vor allem auf „Hard Power": auf seine „Gasmacht" sowie auf Bestechung, Zwang und – wenn notwendig – Militärintervention. Ein Exempel der russischen Interventionslogik und der Vorgänge, die in der Ukraine folgen sollten, wurde zuvor an einem anderen Land statuiert: an Georgien.

„Eingefrorene Konflikte" am Rande des Imperiums

Ein kurzer Blick zurück: Westliche Medien nahmen von den ethnopolitischen Konflikten im Zuge des Zerfalls der Sowjetunion seit Ende der 1980er Jahre zunächst kaum Notiz. Es waren Konflikte, in denen es um die Kontrolle von Gebieten ging, deren Fläche in etwa jener des Burgenlands, des Saarlands oder Luxemburgs entsprach; Konflikte, in denen um Städte gekämpft wurde, deren Namen man im Westen kaum gehört hatte: Tiraspol in der Republik Moldau, Zchinwali in der georgischen Region Südossetien, Suchumi in der Autonomen Republik Abchasien, ebenfalls in Georgien.

Das Muster war in den drei Konfliktregionen ähnlich: Die lokalen Anführer von Minderheitengruppen standen dem Unabhängigkeitskurs der Mehrheitsbevölkerung skeptisch gegenüber. Sie setzten sich für den Verbleib in der Sowjetunion ein, und als das im Laufe des Jahres 1991 nicht mehr möglich war, gewann die Forderung nach Unabhängigkeit ihrer eigenen Territorien Auftrieb. Die – berechtigte – Forderung nach Gleichberechtigung in den entstehenden Staatsgebilden und nach Wahrung der Minderheitenrechte wurde zusehends durch Nationalismus mit eigenen Gründungsmythen ersetzt. Auf Unabhängigkeitsdeklarationen folgten Gegen-Memoranden, eine ethnonationalistische Spirale der Gewalt schraubte sich hoch. Im März 1990 erklärte Georgien seine Unabhängigkeit. Daraufhin erklärte die abchasische Regierung ihre Eigenständigkeit und bat Moskau um Aufnahme in die Sowjetunion. Im September 1990 tat Südossetien diesen Schritt. Doch es blieb nicht beim „Krieg der Deklarationen". Bald wurde daraus ein echter Krieg, der für Georgien mit einer doppelten Niederlage endete. In Südossetien (Jänner 1991 bis Juni 1992) forderte er 500 bis 600 Tote, in Abchasien (August 1992 bis Oktober 1993) waren die Folgen noch verheerender: Quellen sprechen von bis zu 10.000 Toten und von bis zu einer Viertelmillion vertriebener Georgier.

Russland betrachtete als Nachfolgestaat der Sowjetunion die Nationalbewegungen in den Republiken mit Skepsis. Einerseits war man besorgt um die ethnischen Russen, die sich plötzlich als Minderheit in einem fremden Land wiederfanden. Gleichzeitig war die neue Russische Föderation selbst ein Vielvölkerreich, dem Zerfallserscheinungen an seinen eigenen Rändern, etwa im Nordkaukasus, zu schaffen machten. Die aufständischen Abchasen und Osseten, die beide ein historisches Naheverhältnis zu Russland hatten, sahen in Moskau ihre Schutzmacht; Moskau seinerseits konnte durch eine „taktische Allianz" (Christoph Zürcher) im Konflikt seinen Einfluss jenseits der Staatsgrenzen sichern. Die Grenzen waren damals noch sehr durchlässig und der „russische Faktor" spielte auch damals bei der Befeuerung des Konflikts eine Rolle. Hunderte Freiwillige aus dem Nordkaukasus strömten nach Südossetien und vor allem nach Abchasien. Die russische Armee verschob Waffen an die Aufständischen, russische Ausbildner trainierten Kämpfer in Militärlagern, und sogar die Luftwaffe flog von einer abchasischen Basis aus Angriffe auf georgische Stellungen. Während direkte Waffenhilfe keine kriegsentscheidende Rolle spielte, machte sich der russische Faktor bei den Friedensverhandlungen bemerkbar. Eine schwache UN-Mission, bestehend aus 100 unbewaffneten Beobachtern, und ein russisches Kontingent einer GUS-Friedensmission beobachteten ab sofort die Waffenstillstandszone im abchasisch-georgischen Grenzgebiet. In Südossetien gab es ebenfalls ein 700 Mann starkes russisches Kontingent als Teil einer russisch-georgisch-ossetischen Friedensmission. Beide Regionen fristeten lange Jahre ein Schattendasein. Doch als die neue, prowestliche georgische Führung von Micheil Saakaschwili mit ihren Ambitionen in Richtung Westen ernst machte, wollte der Kreml – mittlerweile bereit, seinen Einfluss in der Nachbarschaft zu festigen – die „eingefrorenen Konflikte" instrumentalisieren.

Zu Beginn seiner Präsidentschaft 2004 hatte Saakaschwili noch eine Verbesserung der Beziehungen zu Russland angekündigt. „Russland hat viele negative Dinge für Georgien verursacht", sagte er in Bezug auf die beiden Territorialkonflikte.

„Aber wir sind bereit, mit Moskau zu kooperieren." Bereits zwei Jahre später war klar, dass es keine Entspannung geben würde. Der Kreml hatte georgisches Wasser und georgischen Wein 2006 mit Importverboten belegt; die persönlichen Angriffe gegen Saakaschwili nahmen zu. An der Grenze der sezessionistischen Territorien häuften sich die bewaffneten Zwischenfälle. Reguläre und irreguläre russische Truppen wurden nach Südossetien und Abchasien verlegt; der Kreml kündigte an, die russische Bevölkerung (Osseten und Abchasen mit bereitwillig ausgestellten russischen Pässen) zu verteidigen, um einen „Genozid" zu verhindern. Saakaschwili traf eine folgenschwere Entscheidung: Das georgische Heer sollte russische und ossetische Verbände zurückdrängen. Am 7. August 2008 kurz vor Mitternacht beschoss die georgische Artillerie Zchinwali, wo sich die verbliebenen Zivilisten in Kellern verstecken mussten. Die georgische Offensive endete in einer Niederlage. Saakaschwili musste am 12. August einen Waffenstillstand akzeptieren, in dem Moskau die Bedingungen vorgeben konnte. Tiflis verlor jegliche Kontrolle über die Landesteile und musste zehntausende Inlandsvertriebene aufnehmen. Moskau erkannte Ende August die Unabhängigkeit Abchasiens und Südossetiens an.

Für Moskau war der Augustkrieg 2008 auf mehreren Ebenen ein voller Erfolg: Georgien wurde für seine West-Ambitionen bestraft. Der Kreml hat seitdem seine Kontrolle der abgespaltenen Territorien massiv ausgebaut – militärisch, ökonomisch und politisch. Im südossetischen Zchinwali kam mit Leonid Tibilow 2012 ein Politiker an die Macht, der keinen Hehl macht aus seinem Wunsch, in die Russische Föderation aufgenommen zu werden. „Diese Idee ist nicht erst heute aufgekommen, sie ist logisch und existiert schon seit Sowjetzeiten", erklärt der Mittsechziger mit schlohweißem Haar und grauen, buschigen Augenbrauen in einem Interview mit der Nachrichtenagentur TASS. Im März 2015 unterzeichneten Südossetien und Russland ein „Abkommen über Zusammenarbeit und Integration", das eine enge Kooperation in den Agenden Militär und Sicherheit für das nächste Vierteljahrhundert vorsieht. Auch eine gemeinsame Armee könnte Wirklichkeit werden. Seit dem Augustkrieg 2008 hat Russland ganz offiziell tausende Soldaten in dem Landstrich stationiert und seine Militäreinrichtungen ausgebaut. Auch die Befestigung der Grenze („Borderization") durch Aufstellen eines Stacheldrahtzauns, der tief hinein in georgisches Gebiet geht, schreitet voran.

In Abchasien versucht Moskau ebenfalls, die separatistischen Anführer enger an sich zu binden. Mit dem Ex-KGB-Agenten Raul Chadschimba hat es seit September 2014 einen offen prorussischen Präsidenten, der den zuvor regierenden, stärker abchasisch-nationalistisch orientierten Aleksandr Ankwab ablöste. Kurz nach Chadschimbas Amtsübernahme schloss Putin mit dem Machthaber einen Vertrag, der eine gemeinsame Militärführung und großzügige Wirtschaftshilfen Moskaus vorsieht. Auch vom Beitritt zur Eurasischen Wirtschaftsunion träumt Suchumi. Gegenwärtig kaufen sich immer mehr Russen an der grünen, weitgehend naturbelassenen Schwarzmeerküste ein – eine Entwicklung, die abchasische Bürger freilich mit Skepsis betrachten. Sie fürchten den Ausverkauf ihres Landes. Während in Südossetien das Anlehnungsbedürfnis an Russland überwiegt und viele sich eine Vereinigung wünschen, sind in Abchasien nationalistische Einstellungen und der Wunsch nach Unabhängigkeit größer.

Eine ähnliche Situation ergibt sich in der Republik Moldau, deren Landesteil Transnistrien (550.000 Einwohner) am linken Ufer des Flusses Dnjestr sich ebenfalls in einem bewaffneten Konflikt (1990–1992) vom Mutterland abspaltete. Transnistrien ist industriell geprägt und hat mit Russen und Ukrainern eine gemischtere Bevölkerung als der Rest Moldaus. Die auf dem schmalen Streifen Land stationierte russische 14. Armee unterstützte schließlich die „Unabhängigkeitskämpfer", die sich für einen Verbleib in der Sowjetunion aussprachen und gegen die Politik der moldauischen Nationalbewegung kämpften. Moskau verfolgt auch in Transnistrien eine Politik der „Passportization" (Pass-Ausgabe), um die Bewohner an sich zu binden und im Bedarfsfall hochoffiziell ihre Interessen „verteidigen" zu können. Anders als der Donbass und die beiden georgischen Separatistengebiete grenzt Transnistrien nicht an russisches Staatsgebiet.

Die Separatistengebiete im postsowjetischen Raum bilden zweifelsohne Blaupausen für den Donbass, wenngleich jedes „Statelet" Eigenheiten aufweist: Während in Abchasien und Südossetien Rubel in Umlauf sind, wird in Transnistrien mit eigenen „Pridnjestrowje-Rubel" bezahlt. Während die südossetische Grenze unpassierbar ist, sind in Abchasien und Transnistrien die Straßen ins Mutterland offen. Anders als im Donbass, wo eine slawische Bevölkerung dominiert, konnte in den anderen drei Territorien der Konflikt entlang ethnischer Linien eskaliert werden („nationalistische" Moldauer gegen „friedliebende" Slawen; „faschistische" Georgier gegen „unterdrückte" Kaukasusvölker). Doch auch im Donbass wurde letztlich die zweitrangige Sprachenfrage mittels Propaganda erfolgreich instrumentalisiert. Gemeinsam ist den Separatistenregionen, dass die Bevölkerung – oft aufgrund des industriellen Erbes oder der

Ansiedlungspolitik – multikultureller war als im Rest des jeweiligen Nationalstaats. Zudem handelt es sich um stark sowjetisch geprägte bzw. strukturschwache, staatlich dotierte Gebiete, die im Falle von Reformen besonders viel zu verlieren hätten.

Der Kreml lässt sich seine „Staaten" einiges kosten: Laut einem Bericht der US-Analysten von Stratfor gehen fünf der 206 Milliarden Dollar des russischen Budgets an die nicht anerkannten Staaten in seinem Umfeld. So soll Abchasien jährlich 300 Millionen Dollar an Unterstützungsgeldern erhalten, während Südossetien und Transnistrien mit je 100 Millionen auskommen müssen. Ohne die Bezuschussung Moskaus könnten diese Entitäten wirtschaftlich nicht oder nur schwer überleben. Der Kreml hat die inneren Konflikte in den Republiken meisterhaft genützt, um durch das Prinzip „Teile und herrsche" seinen Einfluss in den abtrünnigen Landesteilen zu vergrößern. Georgien, die Republik Moldau und die Ukraine haben in den vergangenen Jahren den selbstgewählten Weg der Annäherung an die Europäische Union und NATO eingeschlagen. In allen drei Ländern können die „eingefrorenen" Territorialkonflikte bei Bedarf „aufgetaut" – also angeheizt – werden. Sie bleiben damit auch in Zukunft ein Instrument zur Destabilisierung.

Die „Landsleute" im Ausland

Russkie svoich ne brosajut – „Die Russen lassen die Ihren nicht im Stich": Dieser Slogan, den man seit dem „Russischen Frühling" auf vielen T-Shirts lesen kann, ist die populäre Kurzformel einer außenpolitischen Orientierung, die in Putins Russland an Bedeutung gewonnen hat. Es geht dabei um den Schutz der russischen und russischsprachigen Bürger in den ehemaligen Sowjetrepubliken – also dem „nahen Ausland".

Nach dem Zerfall der Sowjetunion hat Russland als Staat, der sich als Nachfolger des Riesenreichs begreift, nicht nur Territorium verloren, sondern auch Bevölkerung. In den 14 ehemaligen Sowjetrepubliken leben nach Informationen des russischen Außenministeriums 17 Millionen ethnische Russen. In Kasachstan gibt es 4,5 Millionen ethnische Russen. In Lettland, Usbekistan und Kirgisistan machen sie jeweils etwa 600.000 Menschen aus. Diasporagemeinden gibt es auch in Estland, Litauen, in Weißrussland und der Republik Moldau sowie in den Südkaukasusrepubliken.

In den Neunzigerjahren sind bis zu sieben Millionen ethnische Russen in ihre frühere Heimat bzw. die ihrer Vorfahren zurückgekehrt: Gründe dafür waren die schwierige ökonomische Lage in den neuen unabhängigen Republiken, Bürgerkriege und die allgemeine Verschlechterung ihres sozialen Status. Während Russland in den turbulenten Neunzigern nicht die finanziellen Mittel hatte, seine Diaspora zu unterstützen, bekam ihre Förderung zuletzt neuen Stellenwert. Die Moskauer Führung betrachtet die Auslandsrussen nicht einfach als Bürger eines anderen Staates, sondern definiert sie als „Landsleute" (*sootetschestwenniki*).

Das offizielle Russland fühlt sich diesen Bürgern gegenüber, denen es aufgrund von Sprache, Religion und der geteilten Geschichte eine Identifikation mit Russland unterstellt, verantwortlich. Russland sieht sich hierbei als Anwalt der russischen oder russischsprachigen Minderheiten und macht öffentlichkeitswirksam auf Versäumnisse in der Minderheitenpolitik der Ex-Sowjetrepubliken aufmerksam.

In mehreren Fällen musste die Schutzbedürftigkeit der „Landsleute" aber auch als Rechtfertigung für ein militärisches Eingreifen herhalten: Auf der Krim diente die militärische Intervention angeblich dem Schutz der Russen und Russischsprachigen. Seit 2010 erlaubt die russische Militärdoktrin explizit Einsätze der Armee zum Schutz russischer Bürger im Ausland.

In den früheren Sowjetrepubliken fördert Russland die Identifikation mit dem „Mutterland" aktiv. Konsulate, Kultureinrichtungen und staatsnahe Vereine sind in diesen Ländern breit vertreten. Gebündelt werden die staatlichen Bemühungen um die Landsleute in dem 2008 in den Rang einer Föderalen Agentur gehobenen bürokratischen Riesen „Rossotrudnitschestwo" („Russland-Kooperation").

Ein weiteres wichtiges Instrument ist die großzügige Vergabe der russischen Staatsbürgerschaft. Vor allem in den Konfliktgebieten Südossetien, Abchasien und Transnistrien bietet ein russischer Pass oft die einzige Möglichkeit, ins Ausland zu reisen, da die Reisedokumente der Lokalbehörden international nicht anerkannt werden. Gleichzeitig erweist sich diese Dynamik als funktional für die russische Argumentation: Je mehr Bürger der Russischen Föderation vor Ort, desto mehr „Schutzbedürftigkeit".

Wie die Auslandsrussen ihre Identität selbst definieren, bleibt in der offiziellen Sicht außerhalb des Fokus. Denn nicht alle ethnischen Russen im postsowjetischen Raum träumen von einem Anschluss an Russland. Beispiel Krim: Laut einer Umfrage von Gallup International vom Mai 2013 gaben 40 Prozent der Befragten an, sich (unabhängig von ihrem Pass) als Russen zu fühlen. Jedoch sprachen sich damals nur 23 Prozent für einen

Anschluss an Russland aus. 53 Prozent waren für die Beibehaltung des Status quo. Letztlich ist der Landsleute-Ansatz eine, wie der Russland-Experte Wilfried Jilge schreibt, „autoritäre Identitätsbehauptung", die die russische Staatsräson rechtfertigt und die selbstgewählten Identitäten von Menschen – die sprachlich und ethnisch begründet sein können, aber nicht müssen – ignoriert. Eine ähnliche politische Vereinnahmung wird seit einigen Jahren mit dem Konzept der „russischen Welt" begründet.

„Russische Welt" – wenn Philosophie zu Realpolitik wird

Seit einiger Zeit kann man in Publikationen von der „russischen Welt" lesen. Was aber bedeutet *russkij mir*? Sie ist ein weltanschauliches Konzept, das eine unabhängig von bestehenden Staatsgrenzen gültige, grenzüberschreitende Zusammengehörigkeit der Ostslawen postuliert. Als historischer Rückbezug spielt dabei die „Heilige Rus" eine Rolle, jener erste Staatsverband im Mittelalter, der als Ursprung der Russen, Ukrainer und Weißrussen gilt. Auch das orthodoxe Christentum sowie die russische Sprache als verbindende Elemente spielen in dieser Ideologie eine wichtige Rolle. *Russkij mir* postuliert in seiner heutigen Verwendung eine religiöse, sprachliche und kulturelle Andersartigkeit der russischen Zivilisation gegenüber Europa und dem Westen; meistens sind damit traditionelle und in der Gemeinschaft – so auch ein ursprünglicher Bedeutungsinhalt von „*mir*" – begründete Werte gemeint.

Die „russische Welt" dient im heutigen Diskurs nicht nur als Begründung für die „Andersartigkeit" Russlands, sondern auch für die damit unterstellte Zugehörigkeit der Ukraine und Weiß-russlands (aber auch anderer sowjetrussisch geprägter Gegenden wie etwa Transnistrien) zu dieser politischen Ordnung und damit auch als Legitimierung des militärischen Engagements in der Ostukraine.

Ideengeschichtlich gesehen hat das Konzept seine Wurzeln im 19. Jahrhundert, als Dichter und Intellektuelle die „heilige" Gründung der russischen Nation beschworen. Auch im Denken der Eurasien-Ideologen der 1920er Jahre spielt die Einheit des eurasischen Raumes unter russischer Führung eine Rolle. Nach dem Zusammenbruch der Sowjetunion wurde dieser Topos etwa in der Zeitschrift „Sawtra" (Morgen) von Alexander Prochanow aufgefrischt, in der ultranationalistische wie kommunistische Autoren eine Heimat finden. In aktuellen Diskursen wurde das Konzept zusehends politisch-praktisch. 2007 hat der Kreml die Kultur-Stiftung „Russkij Mir" gegründet, in deren Kuratorium neben Außenminister Sergej Lawrow und dem konservativen Putin-Vertrauten und früheren Eisenbahn-Präsidenten Wladimir Jakunin auch ein Vertreter der orthodoxen Kirche einen Sitz hat ist. Für die Separatisten im Donbass ist *russkij mir* Ziel und Legitimation des Kampfes zugleich.

„Neurussland" statt Ukraine

Wenn Wladimir Putin zu seinem Volk spricht, dann ist das keine Sache von ein paar Minuten. Knapp vier Stunden stand der russische Präsident in seiner Fernsehsprechstunde am 17. April 2014 Rede und Antwort. Unter dem Motto „Der direkte Draht zu Wladimir Putin" bemühten sich die staatlich kontrollierten

Sendungsmacher um Abwechslung und Kurzweiligkeit – man wechselte zwischen Liveschaltungen, Telefonanrufen und Internetfragen hin und her. Putin spürte die hohe Zustimmung, und er genoss sie sichtlich: Die aus russischer Sicht äußerst erfolgreiche „Heimholung" der Krim und die Vorgänge in der Ostukraine dominierten klar die Sendung. Bemerkenswert war die Fragestunde auch im Sinn einer Geschichtslektion – und Zukunftsvision. Konsequent bezeichnete Putin den Südosten der Ukraine als „Neurussland". Es war das erste Mal, dass dieser Terminus, der in Russland bislang von großrussischen Ideologen, Nationalisten und Anhängern der eurasischen Ideologie verwendet worden war, in den Mainstream eingeführt wurde.

„Neurussland" war einst ein Verwaltungsbegriff für Gebiete im russischen Westen (darunter die Städte Chişinău, Odessa, Dnjepropetrowsk sowie die Krim) gewesen, die der Zarenhof im Laufe des 18. Jahrhunderts bei seiner Ausdehnung nach Südwesten von den Osmanen und den mit ihnen verbündeten Krimtataren erobert hatte.

Heute dient der Begriff vor allem dazu, großrussische Ansprüche auf das Staatsgebiet der Ukraine und der Republik Moldau zu formulieren; kulturelle Prägungen, die nicht ins Bild passen, werden einfach ausgeblendet. Nationalistische Zirkel bekamen in dieser Zeit Unterstützung von der offiziellen Kreml-Politik – als temporäre Verbündete. Allerdings forderten sie weitere Maßnahmen: einen offenen Einmarsch Russlands zugunsten der ostukrainischen Separatisten. Doch die Destabilisierung der Ukraine soll ohne offene Militärintervention auskommen. Mittlerweile hat der Kreml seine Neurussland-Agitation wieder heruntergefahren. Und der FPÖ-Freund Alexander Dugin, der sich als Kriegstreiber weit aus dem Fenster gelehnt hatte, verlor im Juni 2014 seinen Posten als Leiter des Soziologieinstituts an der Moskauer Staatlichen Universität.

Dennoch erfreut sich der Begriff weiterhin großer Beliebtheit: So tragen russophile Nachrichtenportale und Medien den Namen „Neurussland". Der „Außenminister" der DNR, Alexander Kofman, erklärte das Projekt Neurussland im Mai 2015 zwar für auf „unbestimmte Zeit" gestoppt. Was die Regionen Charkiw, Saporischja und Odessa betreffe, hoffe man künftig auf eine „neue politische Elite, die geeignet ist, die Bewegung anzuführen". Dennoch kann das Konzept bei Bedarf jederzeit wieder aus der Mottenkiste geholt werden. Auch international zieht der Begriff: So ist es kein Zufall, dass gerade jene Russen und Russischsprachigen – also die „Landsleute" aus dem „nahen Ausland" – auch für „Neurussland" in den Krieg ziehen. Zahlreiche Russen aus dem Baltikum, Russlanddeutsche, aber auch „solidarische" Osseten und Abchasen mischen als Foreign Fighters im Donbass mit. Die neurussische Saat ist aufgegangen.

4

Vom Aufstand zum Quasi-Staat: Im Inneren „Neurusslands"

Wie die Separatisten ihren Staat aufbauen

Diese Minuten sind eine schwere Prüfung für Bruder Roman. Ein Zimmer im Donezker Untersuchungsgefängnis, mit Wandmalereien auf Kapelle getrimmt. Die Luft ist stickig, ein Gitter versperrt das einzige Fenster. Die grellen Lichter der Kameras heizen den Raum weiter auf. Hinter dem Geistlichen im goldbestickten Talar stehen zwei Frauen, jede von ihnen hält ein Baby in der Hand. Eines der Kleinkinder schreit. Kein sanftes Wiegen, kein Hochhalten, kein Zureden kann den kleinen Nikolaj beruhigen. Er schreit, unermüdlich und untröstlich. Bruder Roman rinnen die Schweißperlen von der Stirn. Er muss dem jahrtausendealten Ritual folgen, an Abbruch ist nicht zu denken, auch wenn das Baby sich noch so aufbäumt. Das ohrenbetäubende Geschrei des Säuglings im Nacken, rezitiert er im Singsang aus der Heiligen Schrift. Dann befiehlt er den beiden Frauen, die Säuglinge in ihren Händen zu entkleiden, Nikolaj schreit jetzt noch lauter. Als er bis auf die Windel nackt ist, lässt die Helferin das Baby in Bruder Romans Hände gleiten. Der spritzt Wasser aus einem lilafarbenen Plastikbottich auf das Kind. Endlich, die heilige Taufe ist vollzogen!

Der sechs Monate alte Nikolaj und der kleine Dmitrij werden an diesem kalten Wintertag des Jahres 2014 Mitglieder der orthodoxen Gemeinde der „Donezker Volksrepublik". Der orthodoxe Glaube, betonen die politischen Anführer häufig, sei ein Grundpfeiler ihres neuen Staates. Viele Erdenbürger haben noch niemals von der Donezker Republik gehört, doch der Gott, den Bruder Roman anruft, weiß offenbar schon Bescheid. Stacheldraht, schwarze Eisentore, weiße Mauern. Das Donezker Untersuchungsgefängnis beherbergt ungefähr 1500 Insassen. Nikolaj und Dmitrij wurden hier geboren, ihre Mütter sitzen wegen Verstoßes gegen das Suchtgiftgesetz ein. Im Büro neben der improvisierten Kapelle erklärt Sergej Schitikow, Leiter der sozialpsychologischen Abteilung, warum man das religiöse Ritual vor laufenden Kameras abgehalten hat. Es gehe um Öffentlichkeitsarbeit, über positive Dinge soll geredet werden. „Diese Kinder sind kleine Bürger der Donezker Volksrepublik und damit unsere Zukunft." Die Gefängnistaufe war die erste seit Beginn der Ära der DNR. Die lokalen Medien berichten anderntags ausführlich über das Sakrament hinter Gittern.

Die DNR umfasst einen Teil des ukrainischen Verwaltungsgebiets Donezk, die angrenzende „Luhansker Volksrepublik" erstreckt sich über ein Teilstück des Luhansker Oblast. Die UN schätzt, dass insgesamt 2,7 Millionen Bürger in den „Volksrepubliken" leben. Ganz genau weiß niemand, wie viele in den Wirren des Konflikts geflüchtet und wie viele wieder zurückgekehrt sind. Prorussische Aktivisten riefen die beiden Quasi-Staaten am 7. April 2014 als Reaktion auf die Konstituierung der prowestlichen Regierung in Kiew aus. Die Polizisten im Untersuchungsgefängnis von Donezk tragen auf ihren Uniformen das Abzeichen der Republik, den doppelköpfigen Adler. Wann haben sie die Seiten gewechselt? Sie erinnern sich nicht mehr, sagen sie. „Mit unserer Seele waren wir sofort auf Seiten der DNR", antwortet schließlich einer.

Während Kiew die russophilen neuen Herren des Donbass als Terroristen bezeichnet, entsteht hinter der Frontlinie ein neues Gemeinwesen. Jede Geburt, jede Taufe schafft Fakten. Jeder Tag, der im Schwebezustand zwischen Krieg und Frieden verstreicht, ist ein Tag auf der Strichliste der Abspalter. „Wir verteidigen den Donbass", steht auf den Propagandaplakaten. Die anderen von Moskau unterstützten separatistischen Gebiete wie Abchasien, Südossetien und Transnistrien bieten der Donezker und Luhansker Führung Orientierung auf ihrem improvisierten Weg in die Eigenstaatlichkeit. Georg Jellinek, der bekannte positivistische Staatsrechtler, hat den Staat als ein soziales Gebilde charakterisiert, das über ein Volk, ein Territorium und eine auf diesem Gebiet geltende Staatsmacht verfügt. Die Grenzen der DNR und der LNR sind zwar noch nicht endgültig festgelegt, aber sie werden gesichert durch Schützengräben und Straßensperren, dahinter ist Artillerie aufgebaut. Eine durchsetzungsfähige Gewalt gibt es. Und auch bei den Bürgern dürfte sich mit der Dauer des Konflikts die Meinung verfestigen, dass die DNR ein Existenzrecht hat – wenn auch bei einigen die Enttäuschung groß ist, dass Russland das Gebiet wohl weder anerkennen noch aufnehmen wird. Wurde in den Tagen des Unabhängigkeitsreferendums im Mai 2014 noch häufig die Ansicht vorgetragen, die neue Führung in Kiew habe einen Denkzettel nötig, hat sich die Stimmung mit dem Fortschreiten des Konflikts radikalisiert. Die Entfremdung ist gewachsen. Viele Bürger sagen im persönlichen Gespräch: „Wir gehen sicher nicht mehr in die Ukraine zurück." Und: „Wir leben bereits in einem eigenen Staat."

Die Lokalherren haben gezielt symbolische prorussische Akzente gesetzt: Man hat die Moskauer Zeit eingeführt, Propagandacoup und Abgrenzung von der Rest-Ukraine gleichermaßen. Der Rubel hat die ukrainische Hrywnja weitgehend als Zahlungsmittel ersetzt. Ukrainische Aufschriften werden aus dem Straßenbild entfernt und durch russische ersetzt: So wurde der Buchstabe „ь" – in der ukrainischen Version des Namens Donezk steht er als Weichheitszeichen vor dem k – aus einem Monument bei der Stadteinfahrt abmontiert, um Donezk als eindeutig „russische" Stadt zu markieren. In der LNR regelt ein Ukas, dass auf öffentlichen Gebäuden keine ukrainische Symbolik mehr angebracht sein darf; in der Hauptstadt Luhansk wurden auf staatlichen Einrichtungen bereits neue Aufschriften montiert. Für die regionale Identität wichtige Feiertage wie den „Siegestag" am 9. Mai, den Tag der russischen Sprache und den Tag der Republik am 11. Mai begeht man mit großem Pomp. Jede der selbsternannten Republiken verfügt über eine Hymne und eine Flagge, schwarz-blau-rot ist jene der DNR, hellblau-dunkelblau-rot jene der LNR. Auf den Straßen mehren sich die Autos, deren Nummernschilder die Insignien der Republik schmücken. In der LNR hat man begonnen, Pässe für Jugendliche auszugeben. Begründet wird das mit dem Argument, die Jungen nicht in ein „rechtliches Vakuum" fallen zu lassen. Freilich werden diese Pässe nirgendwo außerhalb des Separatistengebiets anerkannt.

Doch im Donbass passiert mehr als nur symbolische Politik. Auch eine gewisse Konsolidierung im bürokratischen Apparat ist feststellbar: In der früheren Gebietsverwaltung wird schon lange nicht mehr demonstriert, Mitarbeiter mit Akten unterm Arm huschen durch die Flure. Ministerien für alles Mögliche – von Kohle über Informationspolitik bis hin zu Tourismus – wurden gegründet, neue Amtsgebäude bezogen. Auf Pressekonferenzen kann man erfahren, wie es um die Bemühungen zur Entwicklung der Landwirtschaft in der DNR steht und wie um das Imkereigesetz. Pressesprecher sind stets zu Diensten. Die „jungen Republiken", wie sie oft genannt werden, befinden sich angeblich auf dem Weg der Normalisierung.

Normalisierend sollen auch die Visiten ausländischer Politiker wirken. Sie geben der separatistischen Führung Legitimation und internationale Anerkennung. Wenn der frühere FPÖ-Politiker Ewald Stadler als „unabhängiger" Wahlbeobachter in den Donbass einreist oder Südtirols Ex-Landeshauptmann Luis Durnwalder im Frühling 2015 einem Kongress in Donezk zum betont unverfänglichen Thema „Donbass: gestern, heute, morgen" beiwohnt, dann wird das in den kontrollierten Medien für Propagandazwecke tagelang ausgeschlachtet. Ein unabhängiges fact-finding ist in den von der DNR und LNR kontrollierten Gebieten nicht möglich.

Die Finanzprobleme der „Volksrepubliken"

In beiden Territorien haben die Machthaber mit Hilfe ihrer Milizen staatliches und privates Eigentum unter ihre Kontrolle gebracht. Ukrainisches Staatseigentum wurde „nationalisiert". So ist etwa das Donezker und Luhansker Eisenbahnnetz unter der Kontrolle der Separatisten, ebenso städtische Verkehrsbetriebe, Wärmekraftwerke und die Post. Aber auch missliebige kiewtreue Geschäftsleute wurden enteignet. In Privatvillen haben sich Kämpfer einquartiert, die Büroeinrichtung wurde mit Lieferwagen abtransportiert. In den ehemaligen Filialen der „Privatbank", die dem Dnjepropetrowsker Oligarchen und Finanzier von ukrainischen Freiwilligenbataillonen Ihor Kolomojskij gehört, werden Pensionen ausgezahlt. In den Filialen der Supermarktkette ATB hat sich der Discounter „Erster Supermarkt der Republik" eingerichtet, in dem günstige russische Produkte verkauft werden. Ein paar Firmen des reichsten Ukrainers Rinat Achmetow hat es ebenfalls getroffen. Allerdings wird der Großteil seiner Unternehmen von den Separatisten nicht angerührt, was Beobachter schließen lässt, dass es Absprachen zwischen ihm und der neuen Donezker Führung geben muss. Ebenfalls unberührt geblieben sind die Filialen des „US-imperialistischen" Konzerns McDonald's in Donezk. McDonald's war eines der ersten internationalen Unternehmen, das seine Tore schloss, als der „russische Frühling" begann. Die Unternehmen sind zur Neuregistrierung bei den Separatisten-Behörden angehalten. Doch gerade viele Großunternehmen weigern sich bisher: Den Lokalbehörden entgehen so wichtige Steuereinnahmen. Wenn sich Firmen vor Ort registrieren, sind sie zur lokalen Steuerabgabe verpflichtet.

Um sich der Unterstützung der Bevölkerung zu versichern, müssen die Separatisten-Behörden der breiten Masse etwas bieten. Transferleistungen wie Sozialhilfen und Pensionen sind das Instrument. Nach mehrmonatiger Pause wurde 2015 mit der Auszahlung der Hilfen begonnen – in russischen Rubel. Die Pensionen entsprechen dem bisherigen ukrainischen Niveau. Die Aufwendungen sind empfindlich, da die Bevölkerung der selbsternannten Republiken Schätzungen zufolge zu mindestens einem Drittel aus Pensionisten besteht; auch viele andere Einwohner sind von sozialen Zuwendungen abhängig. In der DNR dürften nach Angaben der Behörden rund 660.000 Pensionisten leben, in der LNR mehr als 460.000, insgesamt also mehr als eine Million. Der Pensionsfonds der DNR rechnet mit monatlichen Aufwendungen von 940 Millionen Hrywnja, das sind umgerechnet 38 Millionen Euro. Die Führung der Republiken behauptet, die Ausgaben aus den Steuereinnahmen zu bestreiten. Doch diese Rechnung kann niemals aufgehen: Für ein Jahr machen die Pensionsaufwendungen 11,3 Milliarden Hrywnja aus. Laut Kalkulationen der seriösen russischen Zeitung „RBK" kommen die Steuereinnahmen der DNR aber nur auf 4,27 Milliarden Hrywnja im Jahr. Woher kommt der nicht geringe Restbetrag? Die Lokalbehörden schweigen sich aus. Quellen aus dem Inneren des Apparats bestätigten einem „Bloomberg"-Reporter, dass Moskau monatlich knapp 30 Millionen Euro für Pensionszahlungen überweist. Diese Summe deckt sich beinahe mit dem genannten Finanzbedarf.

Russland leistet also die Grundversorgung der Republiken – das Minimum, das zum Überleben notwendig ist. Auch Gas wird aus Russland geliefert, nachdem die Ukraine die Gasversorgung im Februar 2015 eingestellt hat. Für Moskau ist das „humanitäre Hilfe", die Kiew verrechnet wird. Natalia Timakowa, Sprecherin von Premier Dmitrij Medwedew, erklärte das so: „Die Gaslieferung an den Südosten ist humanitäre Hilfe, die von Gasprom auf geschäftlicher Grundlage ausgeführt wird." Hier dürfte sich seither eine „Schuld" von hunderten Millionen Dollar angehäuft haben. Eine ähnliche Situation besteht übrigens in Transnistrien, das ebenfalls mit russischem Gas versorgt wird, das Gasprom der Republik Moldau verrechnet. Die nicht anerkannten Republiken im postsowjetischen Raum bilden ein von Moskau gesponnenes politisches und ökonomisches Netz: Nicht nur hat man sich wechselseitig anerkannt, laut Recherchen von „RBK" soll der Außenhandel der ukrainischen Separatisten künftig über die südossetische „Nationalbank" abgewickelt werden, die wiederum – als von Moskau anerkannte Republik – eine offizielle Bankverbindung in der russischen Hauptstadt hat. Von echten Aufbauhilfen oder gar Investitionen aus Russland ist hingegen (noch) nicht viel zu spüren. Ähnlich war die Lage in Abchasien und Südossetien, Regionen, die mehr als 20 Jahre nach dem Ende der bewaffneten Konflikte noch schwer von den Kampfhandlungen gezeichnet sind. Erst nach der Anerkennung der Eigenstaatlichkeit 2008 setzte Moskau auf spürbare Infrastrukturprogramme wie Straßenbau. Sichtbar ist im Donbass derzeit vor allem die Versorgung mit russischen Hilfsgütern. Bis Jahresende 2015 waren es mehr als 45 Lkw-Transporte. Der Kiewer Wirtschaftsexperte Oleksandr Scholud bezeichnet die humanitäre Hilfe als PR-Strategie Russlands. „Man könnte ja auch mit der Eisenbahn liefern. Aber diese Transporte sollen zeigen: Schaut her, wir helfen!"

Zwischen Justiz und Scheinjustiz: Das krude Rechtssystem der Separatisten

Es ist nicht schlecht, im Mai zu sterben
Dem Totengräber geht die Arbeit
Nun leicht von der Hand.
Und die Nachtigallen singen,
ein letztes Mal – so wundersam.
(Alexej Mosgowoj)

Solange er lebte, war Alexej Mosgowoj ein großer Freund des Volkes. An einem Tag Ende Oktober 2014 organisierte der Kommandant von Altschewsk eine Veranstaltung, die die Bürger der ostukrainischen Kleinstadt erwecken sollte. Mosgowoj berief ein Volksgericht ein. Die Bewohner sollten über das Schicksal zweier mutmaßlicher Vergewaltiger entscheiden: Sie sollten mit ihren Händen darüber abstimmen, ob die beiden den Tod durch Erschießen verdient hätten. Aus der Sicht von Juristen sei das vielleicht nicht die ideale Form der Rechtsprechung, erklärte Mosgowoj zu Beginn der Verhandlung im städtischen Kulturhaus. Seiner Meinung nach aber handle es sich um die „perfekte Form der Volksherrschaft".

Seit den Anfangstagen der „Volksrepubliken" haben Separatisten wie Mosgowoj zur Etablierung der eigenen Herrschaft das bestehende Rechtssystem nach Gutdünken verändert. Nach der Machtübernahme von Behörden und der zunehmenden Kontrolle der Exekutive war die Justiz ein weiteres Feld, auf dem die DNR und die LNR konkret Gestalt annehmen sollten. Die neuen Machthaber gingen daran, sich selbst zu legalisieren: „Volksmacht" nannten sie das.

Schon im Frühling 2014 wurden „kiewtreue" Richter oder Staatsanwälte aus dem Amt gejagt, Staatsanwaltschaften besetzt und Akten von Gerichtsverfahren, die prorussische Aktivisten betrafen, konfisziert. Gerechtfertigt wurde dies einerseits mit der Absicherung gegen „verfassungswidrige" Entwicklungen und der Aufrechterhaltung der öffentlichen Ordnung. Andererseits standen die Aktionen der neuen Machthaber im Licht einer „Volksjustiz", die angeblich gerechter und transparenter sei als die bisherige ukrainische Justiz. Diese hatte tatsächlich keinen guten Ruf. Sie stand unter dem Verdacht, korrupt und käuflich zu sein. Das von Alexej Mosgowoj einberufene Volksgericht traf in einer Situation, in der die Gesellschaft ins Chaos abzugleiten drohte, einen Nerv: Es versprach ein Aufräumen mit *bespredel*, der als bedrohend und erniedrigend empfundenen allgemeinen Gesetzlosigkeit; es versprach eine transparente Entscheidung und – das geht zumindest aus den Aussagen der Anwesenden hervor – Gerechtigkeit. Dass diese Gerechtigkeit die Form der Vergeltung annahm und das „Verfahren" selbst keinerlei Maßstäben von Unabhängigkeit gehorchte, spielte keine Rolle.

„Heute habt ihr die Chance, euch als aktive Zivilgesellschaft zu präsentieren, mit einer aktiven Position, und vom Recht auf Meinung Gebrauch zu machen", erklärte der Kommandant auf der Tribüne, unter ihm hatten sich in den Sitzreihen etwa 200 Bürger eingefunden. Ein paar Meter weiter saßen die beiden Missetäter mit gesenktem Kopf. Sie waren zuvor von Bewaffneten in den Saal geführt worden.

Mosgowoj, ein Mann mit Henriquatre und Militärkäppi auf dem Haupt, war einer von mehreren einflussreichen Feldkommandanten in der LNR. Er war seit Beginn des prorussischen Aufstands mit dabei. Im August 2014 hatte er begonnen, Männer für seine Einheit „Prisrak" (Geist) zu rekrutieren. Er fand an die 2000 Kämpfer. Mosgowoj wurde Kommandant über das 100.000 Einwohner zählende Altschewsk. Zuvor hatte er in der ukrainischen Armee gedient und sich als Gastarbeiter in Russland verdingt. Der 40-Jährige, der in seiner Freizeit Poet und Sänger war, gab sich nach außen gerne als russophiler Sozialrevolutionär, als Befürworter der kriegerischen Expansion und erklärter Anhänger von „Neurussland". Mit einem eigenen Informationsstab trat er wortgewaltig gegen Oligarchen und korrupte Bürokraten auf und positionierte sich als Antipode zu den Luhansker Apparatschiks rund um Ihor Plotnizkij. Die Republiksführung rund um Plotnizkij war in seinen Augen nur auf ihren eigenen Vorteil bedacht. Wie andere Luhansker Warlords hatte Mosgowoj nicht besonders viel Interesse daran, sich der Führung in Luhansk unterzuordnen. Der Kosakenführer im nahen Stachanow, Pawel Drjomow, gehörte zu seinen Verbündeten. Wortkarg, ernsthaft, konkret und ein „wahrhaftiger Krieger" sei er gewesen, heißt es über ihn in einer Festschrift. „Er liebte das Volk, er glaubte dem Volk, er diente dem Volk." Mosgowoj hatte ein ganz eigenes Verständnis davon, was das bedeutete. „Jeder von uns muss verstehen, dass der Aufbau eines neuen Staates nicht nur von ein, zwei Menschen abhängt. Jeder von uns muss Verantwortung tragen für das, was passiert", mahnte er die Altschewsker Laienrichter, darunter auch mehrere Männer in Militärkleidung aus seiner Gefolgschaft. „Eure Zeit ist gekommen, wacht auf!"

Die Verhandlung begann. Ihor Ananjew, ein 37-jähriger früherer Milizionär und Mitglied der örtlichen „Volkswehr", wurde beschuldigt, eine 15-Jährige vergewaltigt zu haben. Ananjew hatte mit dem Mädchen Wodka getrunken und Cannabis konsumiert. Er soll sie unter Druck gesetzt und Geschlechtsverkehr erzwungen haben. Als „Geschenk" gab er ihr danach ein Mobiltelefon. Soweit das Schuldbekenntnis des Angeklagten, von Mosgowojs Sitznachbarn verlesen. Beweise wurden nicht präsentiert, eine Verteidigung gab es nicht, doch der Angeklagte musste dem Volk Rede und Antwort stehen. Das Urteil: Das Publikum entschied in seinem Fall, dass er am Leben bleiben dürfe. Er sollte lediglich an die Front geschickt werden, um für sein Leben zu kämpfen. Es waren dramatische Sekunden: Als Ananjew das Urteil hörte, sank er vor Erleichterung weinend zu Boden. Der zweite Verdächtige hatte weniger Glück. In seinem Fall entschieden 271 der 290 Anwesenden für Tod durch Erschießen.

Missachtete Menschenrechte

Ein paar Monate später fuhr ich nach Luhansk, um in der Republikshauptstadt die offizielle Sicht auf den Konflikt zu erfahren. Das Pressezentrum befand sich in einem von grimmigen Bewaffneten bewachten Regierungsgebäude. An einer Säule hingen Zettel von Gesuchten: eine 19-jährige, ukrainische, blonde Sniper-Braut in einem verstörenden Hakenkreuz-Tanktop, äußerst gefährlich, wie ein Wachmann versicherte; sie habe sich darauf spezialisiert, Vertreter der prorussischen Milizen aus allernächster Nähe zu erschießen. Fünf Opfer, von den Reizen der Blonden angelockte Männer, soll sie bereits auf dem Gewissen haben. Im Pressezentrum, einem Raum mit zwei Schreibtischen und einer nicht ganz aktuellen Ausgabe der Republikszeitung, erklärte mir die Mitarbeiterin auf mein Gesuch um ein Interview mit dem Justizminister, dass die LNR-Minister derzeit nicht für Gespräche bereitstünden. Neben ihr saß eine Frau, die Anrufe der Bürgerhotline entgegennahm: von Problemen mit der Stromversorgung bis hin zur Frage, wann und wo man Pensionen erhalten könne. Das vierte Lebewesen im Raum war eine Ratte, die in einem Käfig an Salatblättern nagte. Jemand hatte sie zur Zeit der schweren Bombardierungen im Sommer 2014 ausgesetzt, die Mitarbeiterinnen des Pressezentrums hatten sich ihrer angenommen. Mit etwas gutem Zureden erhielt ich schließlich einen Kontakt in der Generalstaatsanwaltschaft. Die Mitarbeiter dort waren überraschenderweise bereit für ein Interview.

Alexandra Belokon, Sprecherin der Generalstaatsanwaltschaft Luhansk, empfing mich tags darauf in ihrem Büro. Das Zimmer sah frisch bezogen aus: Belokons Schreibtisch war wohlgeordnet, in den Hellholzregalen hinter ihr stand kein einziges Buch. Angesprochen auf das Volksgericht in Altschewsk reagierte sie, als sei dies eine Episode, die schon Jahrzehnte zurückliege. „Ach das …", sagte Belokon. Dann sprach sie von einer „Aufführung", die „dem Volk zeigen sollte, dass man die Ordnung einhalten muss". Die füllige junge Frau mit blonden Strähnchen im Haar und fein manikürten Fingernägeln war selbst Juristin. Nach einer Mitarbeit in der Akademie der Wissenschaften in Charkiw und mehreren Jahren in der Rechtsabteilung in Privatfirmen hatte sie sich auf die Seite der Separatisten geschlagen. Nun half sie bei der Entwicklung einer „einheitlichen rechtlichen Sphäre". „Die Menschen müssen verstehen, was das ist – der neue Staat", dozierte Belokon. *Nerasbericha*, das heillose Durcheinander der Anfangstage, war Belokons großer Gegner, im Büro und in der „Volksrepublik". Die staatliche Eigenständigkeit müsse auf legitimen rechtlichen Füßen stehen. Tag für Tag wurden in Luhansk und Donezk neue Gesetze erlassen. Nach Monaten des Krieges hatte man damit begonnen, die politische Wirklichkeit in Worte zu fassen. Den eklektizistischen Zugang zum Rechtswesen, den die Behörden hier wählten, verteidigte die junge Frau entschieden: „Glauben Sie nicht, wir würden alle Gesetze von der Russischen Föderation abschreiben", sagte sie. „Wir nehmen das Beste von allen und schaffen etwas Eigenes." Man würde sich verschiedene Gesetzessammlungen ansehen: russische, weißrussische, europäische. Bei Letzteren insbesondere die Menschenrechte.

Das größte Problem der Separatisten war, dass ihre Justiz nicht funktionierte. Die Gesetze waren im Entstehen, aber es fehlte der Justiz an Fachpersonal. Viele Richter und Staatsanwälte waren geflohen. Die Staatsanwaltschaft war dazu ermächtigt, die Untersuchungshaft auszudehnen, wovon sie ausgiebig Gebrauch machte. Immer mehr Fälle türmten sich. Die Untersuchungshäftlinge mussten auf ihre Prozesse warten, wann diese beginnen würden, stand in den Sternen.

„Wenn ein Staat neu aufgebaut wird, benötigt man am Anfang einen härteren Rahmen", erklärte Belokon. „Damit der Staat auf eigenen Beinen stehen kann und soziale Stabilität gegeben ist." In der Ostukraine wurden die Rechte Einzelner mit allen möglichen Rechtfertigungen verletzt. Gerade eben hatte der Luhansker Separatistenführer Ihor Plotnizkij ein Gesetz über das Kriegsrecht erlassen, das den Behörden eine legale Möglichkeit für Repressionen aller Art geben sollte. Doch die Separatisten waren nicht allein: Schwere Menschenrechtsverletzungen wurden von allen Kriegsparteien im bewaffneten Konflikt begangen. Aber insbesondere auf Seiten der Separatisten, wo es keine Grundlagen für eine unabhängige Justiz gab, war die Hoffnung auf Aufklärung gering. Einem Bericht von Amnesty International (AI) zufolge kam es auf beiden Seiten zu schweren Körperverletzungen, Folter und Scheinexekutionen von Gefangenen, vor allem in irregulären, improvisierten Gefängnissen. Den Separatisten legt AI auch die Erschießung gefangener ukrainischer Soldaten zur Last.

Ein gut dokumentierter Fall betrifft etwa das Schicksal des Soldaten Ihor Branowyzky, der am Donezker Flughafen kämpfte. Er geriet im Jänner 2015 in Gefangenschaft des Bataillons „Sparta" unter Führung von Arsenij Pawlow, Kampfname „Motorola". Zeugenaussagen von AI zufolge wurde Branowyzky von „Sparta"-Männern schwer misshandelt, bevor Pawlow ihn mit zwei Schüssen exekutierte. Es gibt Videoaufnahmen, die den Kriegsgefangenen kurz zuvor noch am Leben zeigen. Bei seiner

Autopsie wurde Tod durch Kopfschuss festgestellt. AI recherchierte für den Bericht weitere Fälle von getöteten Soldaten am Flughafen Donezk und dem von den Separatisten eingenommenen Checkpoint Krasnij Partisan, die Erschießungen nahelegen. In einem Interview mit der Zeitung „Kyiv Post" brüstete sich Pawlow später, eigenhändig „15 Soldaten getötet" zu haben. Ermittlungen, wie AI sie fordert, hat es bis jetzt auf Seiten der DNR keine gegeben. Auch aus den Anfangstagen des Krieges ist grausames Vorgehen gegen politische Gegner und „asoziale Elemente" dokumentiert. Igor Girkin, Militärkommandant über die Stadt Slowjansk, unterzeichnete mehrere Todesurteile, die vollstreckt wurden.

Doch nicht immer machte man sich die Mühe der Scheinjustiz. Einer anderen Art der blutigen Abrechnung fiel ausgerechnet der Organisator des Tribunals und „Geist"-Chef Alexej Mosgowoj zum Opfer. Im Mai 2015 eröffneten Unbekannte das Feuer auf seine Autokolonne in der Nähe von Altschewsk. Außer Mosgowoj kamen noch vier Begleiter und zwei Zivilisten ums Leben. Es war nicht der erste tödliche Angriff auf die mächtigen Warlords, die sich das Luhansker Gebiet untereinander aufgeteilt hatten. Bereits mehrere Lokalherrscher waren brutalen „Säuberungsaktionen" zum Opfer gefallen: Es begann mit dem Kommandanten von Antrazyt, Wjatscheslaw Pineschanin; später erwischte es den Feldkommandanten Alexander Bednow, genannt „Batman"; dann Jewgenij Ischenko, Kommandant der Stadt Perwomajsk. In ihren Städten befehligten sie gut ausgerüstete Kämpfer. Sie stellten eine potenzielle Bedrohung für die politische Führung in Luhansk dar, da sie sich gegen die Abkommen von Minsk wandten, weiterkämpfen wollten und die LNR-Führung offen kritisierten. Offiziell war

„Geist" Anfang April in die „Volksmiliz" eingegliedert worden, doch womöglich zweifelte man im Zentrum an der Loyalität Mosgowojs.

Die „Säuberungen", wie sie genannt wurden, schienen Wirkung zu zeigen. Selbst in der berüchtigten Kosaken-Stadt Antrazyt. Hier hatte der Stabschef der Truppen, der Kosake Raschid Schakirsjanow, zu Jahresbeginn noch lauthals die Legitimität der Luhansker Führung in Frage gestellt. Als ich ihn kurz vor dem Tod Mosgowojs aufsuchte, gab er sich ganz pragmatisch. Er gelobte Kooperation mit Luhansk, „solange das Ziel ein und dasselbe ist". Schakirsjanow war Ende 30, trug eine schwarze Kosakenmütze auf dem Kopf und hatte einen langen rotbraunen Vollbart. Er residierte in einem von Stacheldraht umzäunten Sowjetbau am Hauptplatz, vor dem Kosaken mit geröteten Köpfen standen. Hinter seinem Schreibtisch hingen zwischen einer schwarzen Flagge mit Totenkopf, wie Mosgowoj sie ebenfalls in seinem Büro hängen hatte, und der Kosakenfahne eine Peitsche – und ein Bild Putins. Schakirsjanows Männer standen an vorderster Front nordwestlich von Luhansk und erledigten das Grobe für die Apparatschiks der LNR. Seine Enttäuschung darüber, dass aus einem unabhängigen Kosakengebiet nach eigenen Regeln vorerst nichts werden würde, konnte Schakirsjanow dennoch nicht verbergen. Vergangenen Sommer hatten seine Mannen in Antrazyt noch OSZE-Beobachter gefangen genommen. Schakirsjanow wurde richtiggehend nostalgisch, wenn er sich an die Wochen erinnerte, als die Ausländer bei den Kosaken lebten. Sogar ein wenig Russisch hätten die internationalen Beobachter während ihrer Gefangenschaft gelernt, erinnerte sich der Kosakenführer. Es habe ihnen in Antrazyt gefallen, behauptete Schakirsjanow mit einem breiten Grinsen, nur über den frühmorgendlichen Einheitsbrei – die *kascha* – hätten sie sich beschwert. Nun aber erlaube es die LNR-Führung nicht mehr, dass er Kosakengesetze anwende, klagte er. Würde er einen Dieb zu fassen kriegen, würde er ihn am liebsten „im Zentrum der Stadt an einen Pflock binden und die Leute könnten ihn anspucken". Aus Luhansk hatte Schakirsjanow aber gerade die neuesten Gesetze erhalten, ein Packen Papier lag vor ihm am Schreibtisch. „Die müssen wir exekutieren", sagte er abfällig. „Das ist doch nur Papier, keine Gewissensentscheidung."

Am 27. Mai 2015, dem Tag von Mosgowojs Begräbnis, fanden sich Hunderte in Altschewsk ein. Auf der Ladefläche eines Lkws wurden die Särge ins Stadtzentrum transportiert, wo Männer in Camouflage und mit Sturmgewehren sie zur Verabschiedung im Freien entgegennahmen. Erste Devotionalien waren schon produziert. Auf einem Plakat – es zeigte Mosgowoj mit einem Kind – stand: „Wir gedenken, wir lieben, wir trauern". Trauermusik dröhnte aus Lautsprechern, Frauen schluchzten am Grab des Rebellenführers und Pawel Drjomow, der mit Mosgowoj verbündete Kosakenführer aus Stachanow, schwor Rache: „Wir finden die Verantwortlichen, wer auch immer sie waren, und werden sie bestrafen." Wie, verriet er nicht, aber es dürfte nach Kosakenart sein.

Und was wurde aus den Verbrechern von Altschewsk? Es ist den stürmischen Zuständen in der „Luhansker Volksrepublik" zu verdanken, dass sie auch Monate nach dem ergangenen Todesurteil noch immer am Leben waren. Nach Mosgowojs Tod saßen sie weiterhin im Gefängnis, und warteten auf ein Gericht, das nicht mehr das jüngste sein würde.

Die neuen Herren: Vom „Gewaltunternehmer" zum Politiker

Unter den Zierfiguren, die auf Alexander Chodakowksijs Holz-schreibtisch in Reih und Glied stehen, ist eine handtellergroße Bronzebüste. So klein, dass man sie fast übersehen würde. Auf dem Tisch steht sie zu seiner Linken, nicht weit entfernt von der Eule, dem Symbol für Weisheit, den Blick auf ihn gerichtet. Ist es Lenin? Stalin gar? Es ist einer der seltenen Momente während dieses Treffens, in denen Alexander Chodakowskij lächelt. Er nimmt die Plastik behutsam in die Hand, dreht die Figur um und lüftet das Geheimnis: Es ist Felix Dserschinskij. „Eine wichtige Person für einen Mitarbeiter der Staatssicherheit", sagt Chodakowskij.

Der allseits gefürchtete Gründer der bolschewistischen Geheimpolizei also, der sogenannten Tscheka. Es war Dserschinskij, der den Arbeitsauftrag für seine Mitarbeiter ausgab, den Chodakowskij, jetzt wieder ernst, zitiert: „Die Tschekisten müssen ein heißes Herz, einen kühlen Verstand und saubere Hände haben." Das sei nach wie vor eine „wichtige Devise", noch fast 100 Jahre später, im Hier und Heute, in der „Donez-ker Volksrepublik".

Chodakowskij ist ein Nachfolger Dserschinskijs in sandfarbener Militäruniform, die an ihm wie Freizeitkleidung wirkt, und gleichfarbigen Militärschnürschuhen, wie man sie von US-Soldaten kennt. Er trägt sein braunes Haar kurz; akkurat geschnitten und gepflegt ist auch sein Vollbart. Trotz seines sportlichen Körperbaus, der auf regelmäßiges Training schließen lässt, wirkt er älter als seine 42 Jahre. Vielleicht ist es die Bürde des hohen Amtes. Alexander Chodakowskij wacht als Vorsitzender des Sicherheitsrats über die Sicherheit der kleinen Republik.

Es sind Männer wie Chodakowskij, die vor Ort den Bestand der DNR sichern. Sein ganzes Leben hat der gebürtige Donezker dem Geheimdienst gedient. Ein Emblem am linken Ärmel seiner Jacke erinnert an seine „Alpha-Jahre", als er Kommandant der Spezialeinheit „Alpha" des ukrainischen Geheimdienstes SBU im Gebiet Donezk war: der Buchstabe A vor einem Schwert. Chodakowskij lächelt wieder, ein bisschen Nostalgie wird doch wohl erlaubt sein. „Das Schwert zeigt nach unten", sagt er dann, wieder gefasst. „Es verteidigt seine Position, greift aber nicht an."

Von Chodakowskijs Büro im fünften Stock eines Sowjetbaus blickt man auf den Lenin-Platz mit seinem Lenin-Denkmal hinab, auf den schnurgeraden Artjom-Prospekt und die verspiegelten Bürotürme aus der Janukowitsch-Ära. Die Lage des Büros ist symptomatisch für ihn: Er hat alles im Blick. Chodakowskij ist einer, der immer auf der Hut ist. Jemand, der antizipiert, welchen nächsten Schritt der Gegner plant. Jemand, der sich ein Lächeln auf den Lippen für maximal zwei Sekunden erlaubt und es dann wieder einfriert. Alexander der Ernste.

Chodakowskij hat bisher zweifellos einen Teil von Dserschinskijs Devise befolgt: Behalte einen kühlen Verstand. Denn er hat geschafft, was nicht viele in der „jungen Republik" zustande gebracht haben: Er ist von Anfang an dabei, und nicht nur das, er hat eine steile Karriere hingelegt. Er hat in seinen Positionen mehrere Machtwechsel überstanden, hat sich nicht in die Auseinandersetzungen zwischen Falken und Tauben, zwischen Kriegstreibern und pragmatischeren Apparatschiks, Anhängern der großrussischen Idee und Verfechtern einer Donbass-Unabhängigkeit, antioligarchischen Nationalbolschewisten und DNR-Neo-Oligarchen hineinziehen lassen. Er ist vom Gründer des Bataillons „Wostok" zu einem führenden Politiker der DNR aufgestiegen, manche sagen gar: zur grauen Eminenz, zum Strippenzieher hinter den Kulissen.

Wenn Alexander Chodakowskij von der heutigen Lage in der Ukraine spricht, dann ist aus seiner Sicht klar, wer die Schuld trägt: Es sind die Massendemonstrationen gegen den früheren Präsidenten Viktor Janukowitsch, die einen „bewaffneten Umsturz" im Land provozierten. Folgt man Chodakowksij in seiner Darstellung der Ereignisse, dann haben Männer wie er nie einen bewaffneten Aufstand angezettelt. Sie haben sich nur verteidigt, gleich dem Alpha-Symbol. Und doch ist der 42-Jährige eine Schlüsselfigur auf dem Weg in die Eskalation.

Zur Zeit des Euromaidan war Chodakowskij mit anderen „Alpha"-Einheiten in Kiew. Seine Aufgabe war es, die Staatsmacht gegen die Demonstranten zu verteidigen. Zu einer im Wortsinne brenzligen Situation kam es am 18. Februar 2014, als er den Auftrag erhielt, das von den Maidan-Aktivisten besetzte Gewerkschaftshaus zu stürmen. Die „Alpha"-Männer kamen übers Dach. Als sie sich in der achten Etage befanden, sei das Gebäude in Brand gesetzt worden, schildert Chodakowskij seine Version. Seine Männer mussten abziehen. Als Präsident Janukowitsch drei Tage später aus Kiew floh und die Macht des Maidan siegte, muss Chodakowskij geahnt haben, welche Folgen das für ihn haben würde. Über den früheren ukrainischen Präsidenten weiß er heute nicht viel Gutes zu sagen. Er sei nie ein Sympathisant Janukowitschs gewesen, dieser habe ihn wegen seiner Machtgier und geistigen Begrenztheit abgestoßen.

Der Kommandant wusste, er würde zur Verantwortung gezogen werden, sollte die prowestliche Regierung landesweit die Kontrolle übernehmen. Noch auf dem Weg zurück von Kiew nach Donezk habe er seinen Vorgesetzten informiert und gebeten, „die Beziehungen zum Zentrum abzubrechen". Und dann sagt er: „Gleich nach der Ankunft haben wir begonnen, den Widerstand zu organisieren." Chodakowskij spricht von Selbstverteidigung, vom Fortsetzen des Weges, den er auf dem Maidan begonnen habe. Er wollte von den neuen Machthabern nicht zur Rechenschaft gezogen werden. Er quittierte offiziell den Dienst.

Chodakowskij wurde vom unbekannten SBU-Mitarbeiter zum Akteur: zu jemandem, der den Verlauf des Konflikts entscheidend beeinflussen sollte; zu einer Persönlichkeit, die Experten wie der Politologe Christoph Zürcher „Gewaltunternehmer" nennen. Sie versammeln Menschen rund um eine Idee, vereinen sie in einer Organisation, sie bringen Finanzmittel und Infrastruktur auf, die in einem Konflikt benötigt wird: Autos, Waffen, Kost und Logis, Medikamente. Die ersten, die Chodakowskij überzeugen konnte, waren seine ehemaligen Mitstreiter aus der „Alpha"-Einheit. Im März 2014 war er mit der Organisation einer neuen Bewegung beschäftigt: der „Patriotischen Kräfte des Donbass", einer prorussischen Gruppierung, die Flugzettel verteilte, Schlägertrupps mobilisierte und über eigene Medien Propaganda betrieb. Aus ihr ging das Bataillon „Wostok" hervor. Am Abend des 13. März kam es im Donezker Zentrum zu schweren Zusammenstößen zwischen prorussischen und proukrainischen Demonstranten. In einem Video äußerte sich Chodakowskij tags darauf im schwarzen Pulli zur Lage. Er sprach von einer „offenen Provokation" Kiews und beschuldigte die Sicherheitskräfte, die proukrainischen Demonstranten geschützt zu haben. Ein weiteres Video zeigt andere Bilder: Die Maidan-Anhänger sind in der Minderheit, während eine bedrohliche Menge sie umkreist und schreit: „Auf die Knie!" Sie mussten aus dem Stadtzentrum eskortiert werden, viele wurden verprügelt. „Das war nicht der Epilog, sondern erst der Prolog", kündigte Chodakowskij an. Auch seine „Patriotischen Kräfte" nahmen an dieser Demonstration teil.

Das Bataillon „Wostok" trat erstmals am 9. Mai öffentlich in Erscheinung: am Tag des Sieges, an dem der Triumph der Sowjetarmee über die Nazis gefeiert wird. Am Rande des Leninplatzes marschierten etwa hundert Bewaffnete auf. Blumen steckten in den Gewehrläufen. Sie trugen Militäruniformen, kugelsichere Westen und Armbinden mit der Aufschrift „Wostok". Einer von ihnen war Wladlen. Sein Scharfschützengewehr hing lässig am Oberkörper, er hatte schon im Jugoslawien-Krieg für die gerechte Sache den Abzug betätigt. „Ich kämpfe für den Frieden", erklärte Wladlen. Nach diesem militarisierten Auftritt schien es nur mehr eine Frage der Zeit, bis auch in Donezk die ersten Schüsse fallen würden.

„Wostok" bereitete sich auf bewaffnete Aktionen vor. Ihm gehörten auch mehrere kampferprobte Ausländer an: bärtige Tschetschenen, Osseten mit ihrer Nationalflagge an der Uniform, Russen. Obwohl Chodakowskij beteuerte, die ausländischen Kämpfer machten nur einen Bruchteil aus, vermitteln die Opferzahlen vom ersten großen Kampfeinsatz einen anderen Eindruck: Am 26. Mai besetzten die Kämpfer frühmorgens den Flughafen von Donezk, der erst zwei Jahre zuvor für die Fußballeuropameisterschaft um knapp 700 Millionen Euro generalsaniert worden war. Nur wenige Stunden später holte das Militär zum Gegenangriff aus: Mit Kampfflugzeugen und Helikoptern rückte die Armee auf den Airport vor. Im bis in die Nacht dauernden Gefecht starben laut Chodakowskij mehr als 60 Kämpfer. Im Leichenhaus von Donezk stapelten sich am nächsten Tag ihre blutverschmierten Körper am Boden. 33 Leichen wurden in Kühlwagen nach Russland geschickt: „Fracht 200" nennt sich das im Militärjargon. Es war ein herber Rückschlag für „Wostok", doch kein Grund für den Gewaltunternehmer Chodakowskij aufzugeben. Anfang Juni hatte er bereits 500 Mann unter seinem Kommando. Wenn Chodakowskij über die Anfangstage spricht, dann klingt es so, als wäre all das schon lange her. Das Bataillon „Wostok" als solches gebe es heute nicht mehr, betont er, ein Großteil der Kämpfer sei in die Armee der „Volksrepublik" eingegliedert, „unter der Machtvertikale", wie er sagt. Von seinem Fenster blickt der Geheimdienstler auf die Artjom-Straße. Hier paradierte am 9. Mai 2015, genau ein Jahr nach dem ersten öffentlichen Auftritt von „Wostok", die Armee der DNR mit blankgeputzten Stiefeln: ein zackiger Marsch von zehn verschiedenen Abordnungen, jede mit eigener Uniform und spezifischem Abzeichen. Die Symbolik ist klar: Die unkontrollierten Freischärler sind Vergangenheit, man präsentiert sich als geordnete Verteidigungskraft.

Die DNR hat in ihrer kurzen Geschichte schon viele Funktionäre verbraucht. Die meisten, die in den Anfangstagen Brandreden hielten, sind abserviert und ausgebootet. Es sind Namen, die man heute kaum noch hört, über deren Schicksal sich ein Mantel des Schweigens breitet. Wladimir Makowitsch ist so ein Fall. In den Maitagen 2014 begeisterte der grimmige, zornige Alte mit dem langen grauen Bart mit seinen unversöhnlichen Reden das Publikum; er war scharf antiukrainisch und sah die „glorreiche Zukunft" eines unabhängigen Donbass vor sich. Seine eigene Zukunft war nicht so glorreich. Er wurde kurzzeitig verhaftet und war schon im Sommer seine Ämter wieder los. Heute ist er aus der Öffentlichkeit verschwunden.

Auch Pawel Gubarew, der sogenannte „Volksgouverneur" von Donezk, stand in den revolutionären Donezker Anfangstagen der Demonstrationen und Besetzungen im Rampenlicht. Heute spielt er nur noch eine Nebenrolle. Selbst der DNR-Ideologe Andrej Purgin wurde mittlerweile entmachtet. Er war bekannt für seine Worttiraden. „Russland ließ uns Hilfe zukommen, als wir beinahe ausgelöscht worden waren", beschwerte er sich einmal in einem Interview. „Putin hat das gemacht, wovon er immer gesprochen hat. Er sagte: ‚Wir werden nicht zulassen, dass Landsleute getötet werden.' Aber er half uns erst, als die Ukrainer uns faktisch vernichtet hatten." Der rothaarige Mittvierziger hatte 2005 die prorussische Organisation „Donezker Republik" gegründet. Auf Kundgebungen forderten ein paar Dutzend Anhänger der damals marginalen Gruppe regelmäßig einen Autonomiestatus für die Ostukraine und Russisch als Staatssprache. Ihr Logo, der zweiköpfige Adler auf schwarzblau-rotem Grund, ist heute die Flagge der separatistischen „Volksrepublik Donezk": Zumindest sie hat sich auch nach seiner Absetzung nicht verändert. Personalmanagement gibt es in der DNR nicht, nur rücksichtslosen Personalverschleiß. „Wir entwickeln uns in so einem schnellen Tempo, nicht alle schaffen es, sich an neue Rollen anzupassen", sagt dazu lapidar eine Donezker Entscheidungsträgerin.

Das anfängliche „revolutionäre" Durcheinander aus Aktivisten, selbsternannten Neopolitikern und Kleinkriminellen hatte bald ein Ende. Die Moskowiter Fraktion, die den Spezialeinsatz im Donbass verantwortete, nahm bald auch offiziell die Fäden in die Hand. Eine Schlüsselfigur jener Tage war der bereits genannte Slowjansker Kommandant Igor Girkin. Der 1970 geborene schnurrbärtige Veteran der Kriege in Bosnien und Tschetschenien und frühere Geheimdienstoffizier hatte auf der Krim mit einer Gruppe von Kämpfern an der Besetzung des Regionalparlaments mitgewirkt. Am 12. April 2014 brachte er mit 20 Männern Slowjansk unter seine Kontrolle. Seine Männer stürmten die Polizeiwache im Zentrum – und erbeuteten damit zahlreiche Waffen. Es waren die Tage, in denen eine schnelle Übernahme des Donbass nach dem Krim-Szenario noch möglich schien, als das „Projekt Neurussland" noch auf der Tagesordnung stand und die Russen den Auftrag hatten, es umzusetzen.

Girkin stieg zum Verteidigungsminister der „Volksrepublik Donezk" auf – bis er Mitte August 2014 abgesetzt wurde. Als Verteidiger von Slowjansk hatte er versagt, die Separatisten mussten die Stadt Anfang Juli aufgeben, als die ukrainische Armee vorrückte. Andererseits war Girkins große Popularität dem Kreml unheimlich: Er machte in einigen Rankings bereits Präsident Putin Konkurrenz. Girkin ging zurück nach Moskau, wo er im Oktober 2014 seine Bewegung „Noworossija" gründete. In dieser Bewegung hat sich ein Teil der nationalistischen, großrussischen Szene konsolidiert, die seit der Krim-Krise enormen Zulauf erhielt und aus deren Reihen sich viele freiwillige Kämpfer im Donbass rekrutieren. Heute macht er sich als schonungsloser Kritiker wichtig; die Separatisten seien vom Kreml verraten worden, sagt er. Damit hat er nicht ganz unrecht.

Als Premierminister der DNR stand Girkin Alexander Borodaj zur Seite, ebenfalls russischer Staatsbürger und Moskauer Polittechnologe, der schon die Übernahme der Krim durch russische Streitkräfte mit vorbereitete. Wladimir Antjufejew, wie Girkin ein russischer Militär und knapp zehn Jahre lang Minister für Staatssicherheit im russisch gestützten Transnistrien, übernahm in der DNR das Amt des Ministers für Staatssicherheit. In der Industriestadt Horliwka hatte der unberechenbare Kommandant Igor Besler, genannt Bes (Dämon), das Sagen. Auch er war ein in der Sowjetunion ausgebildeter Militär mit russischem Pass.

Im August 2014 kam es zu einem Wandel auf der Führungsebene: Die Moskauer Medienlieblinge wurden durch weitgehend unbekannte lokale Kader ersetzt. Nach dem MH17-Abschuss und internationalen Sanktionen gegen Moskau war die offensichtlich russische Handschrift ein Störfaktor geworden; zu eindeutig waren die Verbindungen in die russische Hauptstadt. Die Ukraine war auf dem Vormarsch, und Russland schickte nur zögerlich Waffen. Es war klar, dass eine Wiederholung des schnellen Krim-Szenarios nicht möglich sein würde. In Kreml-Kreisen setzten sich die Pragmatiker gegen die Hardliner durch, das Neurussland-Projekt wurde verabschiedet und eine „kleine" neurussische Lösung favorisiert: lieber einen kleinen, dafür leichter kontrollierbaren Brandherd im Donbass als einen großen. Die Militärs und Feldkommandanten, die wenig von Friedensschlüssen halten, sondern auf Gebietsgewinne aus sind, fühlten sich hintergangen.

Einer der wenigen, die von Anfang an dabei gewesen sind, ist Denis Puschilin, ein untersetzter Mittdreißiger, der einst beim dubiosen Pyramidenspiel MMM zu Geld gekommen war. Er trat als Premier an und wurde nach der Abwahl Purgins Parlamentssprecher. Er gilt als politisches Leichtgewicht, da er keine bewaffneten Gruppen hinter sich hat – anders als etwa Alexander Sachartschenko, den man in Donezk nur kurz „Sachar" nennt. Vor dem russischen Frühling kannte man Sachartschenko im Donbass nur in Martial Arts-Kreisen: Er war Chef der Donezker Abteilung des prorussischen Charkiwer Kampfsportclubs „Oplot" (Bollwerk). Mit einer Handvoll bewaffneter Mitstreiter besetzte er am 16. April 2014 die Donezker Stadtverwaltung. Im August wurde er zum Nachfolger Borodajs ernannt, im November 2014 durch Wahlen zum „Staatschef" legitimiert. „Oplot" spielte neben „Wostok" eine wichtige Rolle bei den ersten Besetzungen und Kämpfen gegen das ukrainische Militär. Sachartschenko und Puschilin – anfänglich von Janukowitschs Familie und Achmetow zwecks Machtdemonstration gegenüber Kiew unterstützt – fanden sich also in Machtpositionen wieder. Sie waren es nun, denen das Management des entbrannten Konflikts übergeben wurde, die das verpatzte Krim-Szenario auslöffeln mussten. In Donezk machte in jenen Sommertagen ein Ausspruch die Runde: „Wenn das unsere politischen Führer sind, na dann gute Nacht."

Über Alexander Chodakowskij hingegen werden keine Witze erzählt. Dabei ist seine politische Zughörigkeit auch Gegenstand von Gerüchten: Manche halten ihn wegen seiner Unantastbarkeit für einen Protegé Moskaus, andere – wegen seiner in letzter Zeit durchaus konzilianten Äußerungen – für einen Agenten Kiews. Er ist ein Lokaler, der aber stets auf Distanz zur DNR-Führung gegangen ist. In einem frühen Interview mit der Internetzeitung „Ukrainskaja Prawda" erklärte er, die DNR sei für ihn ein „vollkommen unverständliches Gebilde, ich ordne mich ihm nicht besonders unter". Nachsatz: „Die Hauptsache ist, gegen den Feind zu kämpfen, in welchem Rahmen ist nicht wichtig." Chodakowskij ist ein politischer Taktiker, er ist stets auf Sicht gefahren: Als die Zeiten radikal waren, schwang er radikale Reden, sprach von einer „faschistischen Ukraine" und der Notwendigkeit der Verteidigung der „russischen Welt". Nun gibt er offen zu, dass Russland den Donbass niemals wie die Krim als Republik aufnehmen wird. Würde Moskau Donezk zu einer Verhandlungslösung drängen, auch zum Verbleib in einer föderativen Ukraine, dann müssten sich Funktionäre wie er dem beugen, „ob es uns gefällt oder nicht", wie er einmal bei einer öffentlichen Ansprache vor dem Universitätspersonal in der Donezker Musikakademie sagte. Heute gibt er sich konzilianter: Faschistische Tendenzen seien in der Ukraine nicht zu entdecken. Er gilt auch als Sponsor des Internet-TV-Kanals „Dialog", den der russische Journalist Andrej Babizkij inhaltlich verantwortet, der zuvor bei „Radio Free Europe" arbeitete. Das Projekt sieht sich als Gesprächsforum von prorussischen und proukrainischen Stimmen – ein möglicher Wegbereiter für eine abermalige Annäherung, die man dem Donezker Volk aber nach all der Feindpropaganda erst schmackhaft machen muss.

Chodakowskij ist kein Dogmatiker wie Andrej Purgin, kein Halbstarker wie „Sachar" und hat um einiges mehr an Format als der Bürokrat Puschilin, der die undankbare Aufgabe bekam, in der Minsker Kontaktgruppe für die DNR zu verhandeln. Es wäre nicht verwunderlich, wenn er sich in Zukunft an entscheidender Stelle wiederfände – auch wenn Chodakowskij seine Rolle als „Joker" in Abrede stellt. Auf die Frage, ob er nicht der nächste DNR-Staatschef werde, schreibt er in seinem Blog: „Diese Frage ist schon längst entschieden." Chodakowskijs kühler Verstand gebietet ihm Zurückhaltung.

Im schwarzen Loch: Die Wirtschaft des Donbass

In der „Donezker Volksrepublik" gibt es im Allgemeinen nicht viel zu feiern. Aber wenn, dann wird es mit großen Worten begangen. Als im Schacht „Holodnaja Balka" in Makiiwka im April 2015 eine neue Abbaustelle für Kohle eingeweiht wurde, war der Chef der kleinen Republik persönlich zur Stelle. Alexander Sachartschenko sparte bei der Eröffnung nicht mit Werktätigen-Pathos, das an die Rhetorik der Sowjetunion erinnert: „Die heutige Heldentat ist etwas ganz Besonderes, sie zeigt allen, dass die heutige Generation der Arbeiter die großartige Tradition der Vorväter weiterführt, die angesammelte Erfahrung breit nutzt und die selbst gestellten Aufgaben löst."

In Makiiwka wird 750 Meter unter der Erde Kohle abgebaut, es ist die begehrte Kohle vom Typ T, die für die Metallurgie und zum Beheizen der Wärmekraftwerke verwendet wird. Hier, in der Industriestadt nahe Donezk, hoffte man auf eine tägliche Abbaumenge von 1000 Tonnen Kohle. Aber die Stimmung unter den Bergleuten könnte besser sein. Seit Jahresende hatten sie keinen Lohn mehr erhalten. Der Kohleabbau im Donbass war defizitär und musste vom Staat unterstützt werden. Unterstützung versprach nun der Quasi-Staat. „Es gibt eine neue Abbaustelle, das heißt, es wird Arbeit geben", wurden die Arbeiter in der Lokalzeitung „Mirnij Donbass" hoffnungsfroh zitiert. Republikchef Sachartschenko war um gute Stimmung bemüht. Die Eröffnung des Teilstücks sei eine „neue Windung auf dem ruhmreichen Weg, der allen Arbeitern der Kohleindustrie der DNR bevorsteht". Und er gab den Kumpeln mit: „Auf Euch warten neue Siege an der Arbeitsfront!" „Wenn es Kohle gibt, gibt es auch Grund zur Freude", titelte die Lokalzeitung auf Seite eins.

Der Optimismus kann nicht darüber hinwegtäuschen, dass die wirtschaftliche Lage in der DNR angespannt ist. Unternehmen sind durch den Krieg zerstört worden: So sind von den Baumärkten, Autosalons und dem Metro-Markt, die am Rande von Donezk die kaufkräftige Kundschaft aus der Metropole anzogen, nur zerschossene Ruinenbauten geblieben. Auch große Industrieanlagen und Bergwerke sind durch den Beschuss in Mitleidenschaft gezogen worden. In den Stadtzentren sind die Fensterfronten vieler Geschäfte vernagelt. Manche Firmen halten ihren Betrieb mit Minimalbesetzung aufrecht. Andere sind ganz abgewandert, weil sie in der international nicht anerkannten Zone keine Zukunft sahen. Auch das Bankensystem funktioniert nicht – trotz neu gegründeter Zentralbank. „Wir müssen unsere Mitarbeiter in bar bezahlen", schildert ein Geschäftsmann aus der Stadt Luhansk, Chef eines Autozuliefer-Betriebs mit 500 Mitarbeitern, die Lage. „Das ist primitives Wirtschaften." Sein Unternehmen gehört zu den ungefähr 80, die noch in Betrieb sind. Vor dem Krieg zählte man 420. Um in der Ukraine weiterhin legal Geschäfte abwickeln zu können, musste er sein Unternehmen doppelt registrieren. Es versteht sich von selbst, dass er auch doppelt Steuern zahlt: an Kiew und an Luhansk. Unternehmer zu sein in einer Republik, in der Nationalisierungen und eigenwillige Gesetze zum Alltag gehören, ist zum Glücksspiel geworden. „Ich traue mich nicht, Prognosen zu machen", sagt der Unternehmer, der versucht, „politisch neutral" zu bleiben. „Wir wirtschaften von einem Tag zum anderen."

Die Führung der Separatisten versucht indes, mit Vorzeige-projekten positive Stimmung zu schaffen. Man setzt auf populistische Mutmach-Rhetorik. „Es fängt alles erst an", ist auf Werbeplakaten in Donezk zu lesen. Darauf sind auch die bisherigen Verdienste der Regierung abgebildet: funktionierende Schächte, ein nationalisierter Busbahnhof, eine nationalisierte Supermarktkette mit dem Namen „Erster Supermarkt der Republik". Auch der Zugverkehr – der vollständig zum Erliegen gekommen war – nimmt langsam wieder Fahrt auf. Die Elektritschka von Jasinuwata nach Luhansk zählt zu den Prestigeprojekten der „Donezker Volksrepublik". Seit Ende März 2014 ist sie in Betrieb. Fünfeinviertel Stunden Fahrt für 230 Kilometer, so schleicht sie durch das Herz des Donbass, vorbei an den rosagrauen Schlackehügeln der Schächte, an minenverseuchten, unbestellten Feldern, an Friedhöfen mit vielen neuen Gräbern und an Städten, deren Namen man seit den letzten Monaten mit Schlachten verbindet und nicht mehr mit Schächten oder örtlicher Industrie: Makiiwka, Jenakijewe, Wuhlehirsk, Debalzewe, Luhansk. Trotzdem: Das Leben im Industrierajon bleibt, wie es ist. Bergbau und Schwerindustrie waren und sind die Zukunft des Donbass.

Dieser Gedanke mag für Schachteröffnungen taugen, für Massenveranstaltungen und den Wahlkampf. Der Realität entspricht er aber schon länger nicht mehr. Die Abbaumengen sind drastisch geschrumpft, von 216 Millionen Tonnen im Jahr 1975 auf 165 Millionen Tonnen (1990) und 71 Millionen Tonnen (1996). Der Bergbau im Donbass ist nicht mehr rentabel. Die Schächte sind alt, die Kohle ist zu einem Gutteil schon aus der Erde geschabt. Gegraben wird in Tiefen von durchschnittlich 700 Metern. Sichere Arbeitsbedingungen für die Kumpel zu gewährleisten ist sehr aufwendig. Der Sektor ist von staatlicher Bezuschussung abhängig: Laut dem Kiewer Wirtschaftsexperten Oleksandr Scholud machten im Jahr 2013 die Subsidien für die Bergwerksbranche 13 Milliarden Hrywnja aus, umgerechnet mehr als eine halbe Milliarde Euro. Das Geld kam vor allem den Minen im Donbass zugute. „Die Unterstützung ist damit so hoch wie das Budget des Bildungsministeriums und mehr, als das Verteidigungsministerium erhielt", rechnet Scholud vor, der im „Internationalen Zentrum für politische Studien" in Kiew tätig ist. Die Kohle des Donbass ist teuer. Zu teuer. „Wenn man die Finanzhilfen mitrechnet, ist die Kohle aus dem Donbass teurer als Importkohle."

Der Wirtschaftsertrag des Donbass betrug 2012 umgerechnet 22,4 Milliarden Euro, drei Viertel davon erwirtschaftete Donezk. Hatten der Bergbau und die verarbeitende Industrie im Gebiet Donezk 1988 noch einen 70-prozentigen Anteil am Wirtschaftsertrag, kamen sie 2012 nur noch auf knapp 40 Prozent. Der Anteil der Landwirtschaft ist auf vier Prozentpunkte gesunken. Gestiegen ist der Anteil der Dienstleistungen – die massiven gläsernen Turmbauten der Janukowitsch-Ära und die schicken Business- und Shoppingzentren sind Ausdruck dieser postindustriellen Epoche.

Gleichzeitig ist die Bedeutung des Donbass für die Industrieproduktion in der Ukraine und für die ukrainische Exportwirtschaft wichtig geblieben. Mehr als ein Drittel der ukrainischen Bergbauproduktion wurde 2012 im Donbass erwirtschaftet. 22 Prozent des Gesamtertrags der verarbeitenden Industrie kamen von dort, 20 Prozent der Energieproduktion. Dennoch mehrten sich im Gebiet Donezk und mehr noch in Luhansk die Krisenanzeichen, wie der ukrainische Wirtschaftsforscher Wlad Mychnenko hervorhebt: eine überaus hohe Abwanderung seit dem Zerfall der Sowjetunion, ein Rückgang der arbeitsfähigen Bevölkerung sowie eine über dem Landesschnitt liegende Arbeitslosigkeit.

Boom und Krise liegen in Donezk nicht weit voneinander entfernt. Im ukrainischen Vergleich konnte man im Gebiet Donezk gut leben. Die Region lag nach dem individuellen Bruttoeinkommen gerechnet im Spitzenfeld – mit umgerechnet 3.551 Euro jährlich verdiente ein Donezker im Jahr 2013 um 400 Euro mehr als der durchschnittliche Ukrainer und kam damit gleich hinter dem Kiewer. Wenn es um den Wirtschaftsstandort Donbass geht, bekommt man von den stolzen Ostukrainern häufig einen Satz zu hören: *My kormim Ukrainu* – „Wir ernähren die Ukraine." Der in der Sowjetunion gepredigte Arbeiterstolz aus der Zeit, als die Kohle des Donbass Industriebetriebe in der ganzen Union am Laufen hielt, lebt fort. In den schwierigen Transformationsjahren blickte man gerne auf die westukrainischen Bürger herab, die sich häufig als Gastarbeiter in Polen, der Tschechischen Republik oder der Slowakei verdingten. „Das haben wir nicht nötig", hieß es prompt. Andere Daten wiederum stimmen skeptisch: Der Donbass verbrauchte im Jahr 2011 20 Prozent des aus Russland gelieferten Gases. Er war aber nur für 16,6 Prozent des Bruttoinlandsprodukts verantwortlich und trug nur sieben Prozent zum Staatshaushalt bei. Doch die nötigen Strukturreformen – Schließung der unrentablen Betriebe, Kürzung der Bezuschussung, Sozialhilfen und neue Jobperspektiven für die Kumpel – wurden von den bisherigen lokalen Machteliten verschleppt. Die „Partei der Regionen" von Expräsident Viktor Janukowitsch und die Kommunisten haben dem Wahlvolk die bittere Wahrheit lieber vorenthalten. Die Führer der DNR und LNR schlagen in dieselbe Kerbe.

In der Sowjetunion waren die Bergleute so etwas wie die Adeligen der Arbeiterschaft: Ein guter und stabiler Verdienst war garantiert, und nach 15 Jahren anstrengender Arbeit winkten hohe Pensionen und viel Freizeit. Das alles machte den durchaus riskanten Job für viele attraktiv. Generationen von Männern sind ins Erdinnere abgestiegen. Heute hängt über den vielen Kleinstädten des Donbass, die komplett an den oftmals veralteten Minen oder einer maroden Schwerindustrie hängen, der Mantel der Depression. Die Euphorie ist der Ausweglosigkeit gewichen. „Hier kann man Bergarbeiter, Stahlarbeiter oder Polizist werden", sagte einmal ein Lüftungstechniker des Schachtes „Komsomolez Donbassa". „Das ist der Donbass, da gibt es nichts anderes."

Durch den Krieg im Donbass ist die Schwerindustrie der Ostukraine in eine missliche Lage geraten. Die Zulieferbetriebe sind von ihren Abnehmern getrennt. Der komplette Produktionskreislauf steht auf dem Spiel, der Betrieb der Bergwerke, die Versorgung mit Eisenerz und Koks sowie deren Verarbeitung in der Metallurgie. In den von den Separatisten kontrollierten Gebieten befinden sich 60 der 95 Kohleminen im Land. Damit sind unter der Kontrolle der Separatisten auch jene Bergwerke, die vor allem im Gebiet Luhansk die begehrten Kohlesorten der Typen A und T gewinnen. Diese besonders dichte Kohle wird in der Metallurgie benötigt und gewährleistet den Betrieb der Hälfte der 14 ukrainischen Kohlekraftwerke. Doch die Separatisten haben damit nur bedingt einen Trumpf in der Hand. Denn sie können ihre metallurgischen Betriebe in Donezk, Jenakijewe und Makiiwka nicht betreiben, solange sie nicht über Eisenerz verfügen. Und das wird im Gebiet um Dnjepropetrowsk gewonnen, außerhalb ihrer Kontrolle. Auch die Kokerei von Awdiiwka, in der die Hälfte des Kokses in der Ukraine hergestellt wird, liegt gerade noch außerhalb ihrer Republik.

Die Kokerei in Awdiiwka konnte aufgrund heftigen Beschusses 2015 nur unregelmäßig betrieben werden – ein Problem wiederum für die Versorgung der Stahlwerke Iljitsch und Asowstal in Mariupol (Eigentümer: Rinat Achmetow), die nicht genügend Koks zum Betrieb ihrer Hochöfen haben. Während den Ukrainern also die begehrte Kohle fehlt, benötigen die prorussischen Machthaber dringend Koks und Eisenerz. Und ihnen fehlt mit Mariupol der Hafen, über den sie ihre Produkte verschiffen oder auf dem Seeweg Rohstoffe beziehen könnten. Wirtschaftsexperte Scholud ist deshalb überzeugt, dass Absprachen zwischen beiden Seiten bestehen. Denn die Schwerindustriebetriebe produzieren noch immer, wenn auch eingeschränkt. „Mehrere Schächte im Separatistengebiet haben eine neue Registrierung in der Ukraine erhalten", sagt Scholud. Ihre Kohle gilt daher als offiziell in der Ukraine erzeugt. Transportfirmen schaffen die Kohle in Güterzügen über die Frontlinie. Doch über diese Geschäfte schweigt die Politik. Offiziell spricht man von einer Blockade des Donbass, die die Separatisten niederringen soll. Inoffiziell blühen dubiose Geschäfte und Schmuggel.

Auch durch das Strom- und Gasnetz sind beide Konfliktpartner miteinander verbunden – ob sie wollen oder nicht. So versorgt etwa das Wärmekraftwerk im ukrainisch kontrollierten Schastja die Separatistenregion Luhansk. Die Separatisten brüsten sich damit, Kiew die offenen Rechnungen nicht zu bezahlen. Im Falle des Gastransports hat die Firma Neftegas errechnet, dass die DNR und LNR bereits in der ersten Jahreshälfte 2015 zehn Milliarden Hrywnja Schulden angehäuft haben. Die Perspektiven auf Begleichung der Rechnung sind schlecht. Scholud glaubt dennoch, dass man zu Kompromissen finden wird. „Güter auf der Straße kann man blockieren", sagt er. „Aber diese Verbindungen zu trennen wäre sehr schwer." Dennoch ist die Gefahr groß, dass aus dem Donbass langfristig ein „schwarzes Loch" wird. Nicht anerkannte Territorien wie Südossetien (bis 2008) oder Transnistrien haben sich zu Schmuggelparadiesen entwickelt – durchaus mit Beteiligung aller Konfliktparteien. Denn mit offiziellen Investitionen aus dem Ausland ist wegen mangelnder Rechtssicherheit und dem Sanktionsregime nicht zu rechnen, also müssen diese Territorien mit anderen Vorzügen um „Investitionen" werben: Sie entwickeln sich zu „Gewalt-Märkten", wie Konfliktforscher Christoph Zürcher sie nennt, in denen Waffen, Drogen und Menschen gehandelt werden, wo Kidnapping und Erpressung zu den Geschäftspraktiken gehören, Gebiete, in denen Steuerbetrug in großem Ausmaß vollzogen wird und Gewinne in Offshore-Banken angelegt werden. In dieser Situation wird das Interesse daran, Gewinn zu machen, mit der Zeit größer als das Interesse an der kriegerischen Eskalation, urteilt Zürcher: „Wenn einmal ein Gewalt-Markt hergestellt ist, dann besteht ein starkes Interesse der Warlords, den Status quo zu stabilisieren. Wenn Regierungsvertreter einen Anteil der Einkünfte aus dem Gewalt-Markt bekommen, oder sie selbst als Warlords tätig sind, haben sie ein Interesse daran, die Gewalt auf niedrigem Niveau zu verlängern."

Der russische Faktor im Donbass:
Moskaus streng geheimer Krieg

Am 16. Mai 2015 erhält Alexander Alexandrow einen Befehl. Er führt ihn aus, wie so viele Male zuvor. Der Befehl lautet: Erkundung ukrainischer Stellungen am Rande der ostukrainischen Stadt Schastja. 16 Mann rücken an diesem Tag von Luhansk aus in nördliche Richtung. In Friedenszeiten benötigte man mit dem Auto von Luhansk bis nach Schastja 20 Minuten. Jetzt ist die Stadt am nördlichen Ufer des Flusses Siwerskij Donez Feindesland; der Fluss ist die inoffizielle Grenze und Frontlinie. Luhansk, wo Alexandrow stationiert ist, befindet sich unter der Kontrolle der Separatisten; in Schastja stehen die Ukrainer. Schastja ist eine strategisch wichtige Stadt. Die Separatisten haben schon mehrmals ihre Einnahme angedroht. Alexandrow und die anderen sollen herausfinden, wie stark der Feind wirklich ist.

Die Männer teilen sich in Gruppen. Der 28-jährige Alexandrow ist mit zwei anderen unterwegs. Sie kreuzen den Fluss, der am Rande der Stadt durch dicht bewaldetes Gebiet mäandert. Es ist eine idyllische Auenlandschaft, Birken, Schilf, Fische, Frösche. Doch die Männer sind nicht zur Erholung gekommen. Hier, in der Nähe einer Brücke, liegen die ukrainischen Stellungen, die sie auskundschaften sollen. Alexandrow und seine Kameraden wagen sich heran. Sie beobachten die Positionen eine gute Stunde. Die Befestigungen wirken verlassen. Die drei Männer pirschen sich weiter heran. Observieren. Nichts regt sich, kein Laut ist zu vernehmen. Alexandrow inspiziert einen Schützengraben, während die beiden anderen ihm den Rücken freihalten. Plötzlich fallen Schüsse. Jemand schreit „Rückzug".

Alexandrow hastet über das Gelände, er sieht einen verletzten ukrainischen Soldaten, rennt weiter. Nach ein paar Schritten knickt er ein. Er ist getroffen. Am Oberschenkel. Alexandrow schleppt sich in einen Schützengraben, versucht, die Blutung zu stillen. Plötzlich ist er von ukrainischen Soldaten umringt. Es sind seine letzten Momente in Freiheit.

Alexander Alexandrow und seinen am rechten Arm verletzten Gruppen-Kapitän Jewgenij Jerofejew, der bei der missglückten Aufklärungsoperation ebenfalls gefasst wurde, dürfte es in der Ukraine eigentlich nicht geben. Die beiden sind russische Staatsbürger und aktive russische Militärs. Dies gaben sie selbst zu Protokoll, widerriefen es aber später. Als man Alexandrow fragte, was er in der Ukraine gemacht habe, sagte er zunächst: „Ich habe Befehle ausgeführt." Er hat Befehle ausgeführt, und zwar als Aufklärer der Dritten Speznas-Brigade des Militärgeheimdienstes GRU, stationiert in der Kaserne Nummer 21208 in der Wolgastadt Toljatti. Er war einer von 220 Männern unter dem Kommando von Major Konstantin Napolskich, die am 26. März 2015 die Grenze zur Ukraine überschritten haben, um dort am Krieg teilzunehmen. Alexandrow ist Unteroffizier, Jerofejew Offizier.

Alexandrow – blass und blond, ein zarter Flaum über der Oberlippe – und Jewgenij Jerofejew – 30 Jahre, dichtes kastanienbraunes Haar – sind zu Gesichtern eines Krieges geworden, den es offiziell nicht gibt. Zum Symbol einer Geheimoperation, eines unerklärten Krieges, den die Russische Föderation in der Ostukraine führt. Doch wie groß ist das Ausmaß der russischen Beteiligung? Ist sie kampfentscheidend? Und warum ist sie so schwer nachweisbar? Die inoffizielle Schützenhilfe vom Nachbarn ist deshalb so schwer nachweisbar, weil sie verdeckt geschieht und ihr Gesicht wechselt. Sie kommt und geht in Wellen. Aber sie war und ist kampfentscheidend.

Das offizielle Russland streitet eine Intervention im Krieg in der Ostukraine ab. Auch im Fall der Häftlinge von Schastja. Beide Männer hätten ihren Dienst im Dezember 2014 quittiert, heißt es. Sie seien als Freiwillige in die Ukraine gegangen: *Otpusniki* nennt man sie sarkastisch, Urlauber. Doch Alexandrow und Jerofejew, die in der Ukraine vor Gericht stehen, bestritten das zunächst. Sie sagten, sie seien im Dienst gewesen. „Ich bin kein Terrorist", erklärte Alexandrow gegenüber der russischen Zeitung „Nowaja Gaseta" bezüglich der ukrainischen Anschuldigung des Terrorismus. Er sieht sich als Kriegsgefangener: „Ich habe Befehle ausgeführt … Befehle! Ich habe doch auf mein Vaterland einen Eid abgelegt!" Die russischen Einheiten agierten den Angaben der Soldaten zufolge im Kriegsgebiet relativ autonom: Ihre Aufgabe sei die Beobachtung beider Seiten gewesen; sie hätten der lokalen russischen Führung Bericht erstattet. Direkt mit den ostukrainischen Separatisten hätten sie nicht zusammengearbeitet. Jerofejew kommentierte die Behauptung, es gebe keine russische Armee in der Ostukraine, mit scharfen Worten: „Wie Sie sehen, gibt es sie. Es wäre nur unangenehm, das zuzugeben." Aber warum ist er überhaupt in die Ostukraine gegangen? „In der Armee werden Befehle nicht in Frage gestellt."

Es wäre für Moskau mehr als unangenehm, würde es eingestehen, dass es den Krieg im Donbass am Laufen hält: Die Argumentation, wonach ein „Bürgerkrieg" im Osten der Ukraine tobe, wäre nicht mehr aufrechtzuerhalten; ebenso wenig wie die „neutrale" Position, die es derzeit bei den Friedensverhandlungen einnimmt. Würde es offiziell zur Kriegspartei, drohten scharfe Verurteilungen durch die Staatengemeinschaft und eine Verschärfung der Sanktionen.

Doch der Fall Alexandrow/Jerofejew ist nicht der erste und einzige. Es gibt weitere gut dokumentierte Fälle, auf die sich die Staatengemeinschaft schon jetzt berufen könnte. Im Juli 2015 nahmen ukrainische Soldaten den russischen Major Wladimir Starkow aus der Region Kirow fest. Die Umstände seiner Verhaftung haben etwas Absurdes: Starkow fuhr einen Lkw, der Militärgut geladen hatte. Er wurde an einem ukrainischen Checkpoint außerhalb von Donezk aufgehalten. Offensichtlich hatte er sich verfahren. In einem Video, das in Gefangenschaft angefertigt wurde, erklärte Starkow: „Die Kommandanten stellen dich vor vollendete Tatsachen, dass du in der DNR oder LNR dienen wirst." Der Major wurde im Herbst 2015 zunächst von einem ukrainischen Gericht zu 14 Jahren Haft verurteilt. Später wurde er von Präsident Poroschenko begnadigt und gegen einen hochrangigen ukrainischen Kriegsgefangenen „ausgetauscht". Starkow war wie die im Mai verhafteten Soldaten zunächst in die Region Rostow abkommandiert worden. Dort erhalten die Soldaten in den inoffiziellen Basen nahe an der Grenze zur Ukraine eine mehrwöchige Ausbildung. Namentlich bekannt sind die Militärcamps in den Ortschaften Persianowka und Kusminka, 45 bzw. 40 Kilometer nordwestlich von Rostow am Don. Daneben gibt es mehrere kleinere Armeestützpunkte, teilweise nur ein paar hundert Meter von der Grenze entfernt. Von hier können Soldaten und Militärgerät innerhalb kürzester Zeit in den Donbass geschickt und wieder abgezogen werden. Schließlich werden sie über die Grenze in das Separatistengebiet eingeschleust. Eine Ablehnung des Spezialeinsatzes wagen die Wenigsten.

Über das Ausmaß der russischen Operation gibt es nur Schätzungen. Der ukrainische Geheimdienst setzt die Zahl der russischen Soldaten – also Männern wie Alexandrow und Jerofejew – auf 9000. Sie sollen über mehr als 500 mit Waffensystemen ausgestattete Fahrzeuge, 200 Panzer und 150 Artilleriesysteme verfügen. Das ist der streng geheime Teil der Operation. Eine andere Kategorie bilden die russischen Freiwilligen, die an der Seite der lokalen Kämpfer Krieg führen und in der sogenannten „Volkswehr" – *opoltschenie* – dienen. Sie rekrutieren sich aus einem breiten, illustren Spektrum: Da gibt es Anhänger extremistischer Ideologien – Nationalbolschewiken, Rechtsradikale –, Fans des Kosakentums und des Panslawismus, aber auch einfach Waffennarren, Kriegsveteranen, Kriminelle, für die die Ostukraine einen Fluchtweg darstellt, und natürlich Arbeitslose oder die so verbreiteten Working Poor, die mit dem Sold einfach mehr verdienen als in ihrem Hilfsjob als Bauarbeiter oder Kohlensortierer. 300 Dollar erhält ein Soldat mittlerweile im Monat, erklärt Fjodor Beresin, ein leitender DNR-Militär, 500 Dollar ein Offizier, und Männer mit Spezialkenntnissen vermutlich mehr. Insgesamt wird die Zahl der Kämpfer auf Seiten der Separatisten auf 40.000 bis 50.000 geschätzt.

Die russischen Soldaten hingegen nehmen eine Sonderposition ein. Sie gehören zur höheren Kriegerkaste. Sie sind nicht nur, wie die beiden in Schastja Verwundeten, oft in der Aufklärung aktiv, sondern bedienen auch komplexe Waffensysteme. In kritischen Situationen werden sie zur Unterstützung im Kampf beordert: etwa in der Schlacht um die Bahnhofsknotenpunkte Ilowajsk und Debalzewe, wo die Ukraine schwere Verluste hinnehmen musste. Eingesetzt werden sie aber vor allem als Ausbilder und auf der Kommandoebene. Die langfristige Strategie dahinter: Sie sollen ihr Wissen über Kriegskunst, Truppendisziplin und Koordination an die unteren Ränge weitergeben, damit in Zukunft die Separatisten den Kampf selbstständig führen können.

Während Starkow und die beiden GRU-Soldaten lebend aus dem Kriegsgebiet hinausgelangten, hatten andere Kämpfer nicht dieses Glück. Ein Bericht des ermordeten russischen Oppositionellen Boris Nemzow schätzt, dass im Sommer 2014 150 russische Militärangehörige im Donbass ums Leben gekommen sind; weitere 70 seien im Winter 2014/2015 bei der Debalzewe-Offensive gestorben.

Wer in Russland diese Todesfälle recherchiert, bekommt ebenfalls Ärger. Als die Zeitung „Pskowskaja Gubernia" die geheimen Begräbnisse von Soldaten im Sommer 2014 aufdeckte, wurde ihr Herausgeber Lew Schlossberg schwer verprügelt. In Telefongesprächen, die die Zeitung veröffentlichte, war von 70 Toten der 76. Pskower Division der Luftlandetruppen die Rede. Den Angehörigen wurde ein Redeverbot erteilt, sie wurden eingeschüchtert bzw. angewiesen, konstruierte Antworten zu geben. Seit 2015 ist das Redeverbot auch amtlich: Per Dekret hat der Kreml den Tod von Soldaten bei Spezialeinsätzen in Friedenszeiten zum Staatsgeheimnis gemacht. Gegen Medienberichte, die die Schweigepflicht nicht einhalten, kann prozessiert werden.

Aufsehen erregten auch die Fälle der Panzerfahrer aus Burjatien, die im wochenlangen Kampf um die Stadt Debalzewe den Separatisten einen entscheidenden Vorteil verschafften. Diese jungen Männer waren wegen ihres asiatischen Aussehens als Ausländer erkennbar, wodurch sie sowohl den Anwohnern als auch Journalisten auffielen. Auch hier erlangte der Fall eines schwer verletzten Burjaten Berühmtheit, den eine Journalistin der „Nowaja Gaseta" im März 2015 in einem Spital in Donezk interviewte. Dorschi Batomunkujew war zu diesem Zeitpunkt 20 Jahre alt, er hatte sich im Juni 2014 auf drei Jahre verpflichtet und gehörte der Fünften Panzerbrigade in Ulan Ude an. Batomunkujew war in einer Stadt stationiert, die 6000 Kilometer vom Kriegsschauplatz entfernt liegt. Er und seine Mitstreiter hatten zehn Tage im Zug gesessen, bevor sie in Rostow am Don ankamen. Mit 30 Panzern und 300 Mann überschritten sie am 8. Februar die Grenze in die Ukraine. „Mit einem Panzerbataillon kann man einiges machen", gab Batomunkujew im Interview zu. Für die Separatisten haben die russischen Panzerfahrer entscheidende Hilfe bei der verbissenen Schlacht um die Stadt Debalzewe geleistet.

Auch Batomunkujew gab an, bis zu seiner Verwundung offiziell in der Armee gedient zu haben. „Man sagte uns, dass wir auf eine Übung fahren. Aber wir wussten alle, wohin es geht", sagte er zur Journalistin Jelena Kostjutschenko. „Ich war bereits moralisch und psychisch darauf vorbereitet, was uns in der Ukraine erwartet." Der Soldat hatte im Kampf um Debalzewe schwere Verbrennungen davongetragen, sein Gesicht und seine Hände waren mit Verbandsmaterial umwickelt. Der junge Soldat wurde ein paar Tage später in ein Spital ins russische Rostow am Don überstellt, offiziell wurde er dort aber nie als Patient eingetragen. Seiner Familie versicherte man, dass das Militär für seine Genesung aufkommen werde. Nachdem die Lokalzeitung „Nowaja Burjatia" im April einen kritischen Artikel veröffentlichte, in dem die Mutter des Soldaten klagte, bisher vom Verteidigungsministerium keine finanzielle Hilfe erhalten zu haben, wurde der Artikel kurze Zeit später von der

Website entfernt. Auch aus der Printauflage von 50.000 Stück wurde die Story entfernt: Die Redakteure schnitten drei Tage lang die betreffende Story heraus. Der Chefredakteur behauptete später, seine Mitarbeiter hätten das freiwillig gemacht, da der Bericht so viel Aufsehen erregt und zu widersprüchlichen Reaktionen geführt habe. Und das wolle man in einer ruhigen und friedlichen Republik wie Burjatien nicht.

Aber nicht nur aus den „ruhigen und friedlichen" Landesteilen der Russischen Föderation kommt Verstärkung. Tatsächlich kamen die ersten Kämpfer aus den notorischen „Unruherepubliken". Seit Beginn des bewaffneten Konflikts mischen Männer aus dem Nordkaukasus im Donbass-Krieg mit. Die Tschetschenen, Osseten und Abchasier sind kampferprobt, ihre Teilrepubliken haben eine Geschichte voller Kriege und bewaffneter Aufstände. Auf ukrainischer Seite gibt es zwei tschetschenische Bataillone, die sich vor allem aus Kriegsveteranen aus Europa – den Anhängern von „Itschkeria", einem unabhängigen Tschetschenien – rekrutieren. Auf der Seite der Separatisten wiederum machte das 300 Mann starke tschetschenische Bataillon „Smert" von sich reden. „Smert" bedeutet Tod.

Der Kommandant von „Smert" heißt Apti Bolotchanow. Er ist ein bärtiger Mittdreißiger mit der Stirnfransen-Frisur seines Republikchefs Ramsan Kadyrow. Bolotchanow trägt eine Militäruniform ohne Abzeichen und stets einen Revolver gut sichtbar an der rechten Hüfte. Der Kommandant, der sich für mehrere Monate in Donezk aufhält, ist stets umgeben von zwei Leibwächtern, jüngeren, sportlichen Männern mit gepflegten Bärten, die ein beachtliches Arsenal an Waffen griffbereit am Körper tragen: Pistolen, Messer, Handgranaten und Patronen. Falls etwas schiefgehen sollte, haben sie in einem Täschchen eine Verbandsrolle. Wenn man Bolotchanow fragt, was er in der Ukraine zu suchen habe, dann spricht er von einem freiwilligen Einsatz. „Niemand hat uns eingeladen, niemand hat uns geschickt", erklärt er bei einem Gespräch in einem Donezker Hotel. Nein, Lohn würden er und seine Kämpfer natürlich keinen erhalten, meint er bauernschlau, dann wären sie ja Söldner. Es sei ein Solidaritätseinsatz für das „Volk der Donezker Volksrepublik", und zwar „solange, wie es unsere Hilfe benötigt". Tatsächlich war der Einsatz nach ein paar Monaten beendet. Offiziell, weil es nicht mehr nötig war; tatsächlich dürften die Tschetschenen zu unkontrollierbar gewesen sein, hatten sich von Helfern zu einem Sicherheitsrisiko entwickelt.

Während Bolotchanow nach außen hin den einfachen *opoltschenez* gibt, den Angehörigen der sogenannten „Volkswehr", so unterscheiden sich er und seine Männer doch in ihrer guten Ausstattung grundlegend von einfachen, oft schlecht trainierten Freiwilligen, die zu Tausenden über die Grenze gebracht werden und oft schnell als „Kanonenfutter" sterben. Bolotchanows Männer tragen schicke Tarnanzüge und als Erkennungsmerkmal ein Abzeichen mit der tschetschenischen Flagge. Sie sind mit schweren Sniper-Gewehren ausgerüstet und an Gruppendisziplin gewöhnt. Apti Bolotchanow selbst ist ein erfahrener Kämpfer. Seit 15 Jahren beschäftigt er sich mit nichts anderem als mit Kriegskunst. „Wenn man aus Tschetschenien kommt, weiß man, was Krieg ist", erklärt er. Er hat im zweiten Tschetschenienkrieg gekämpft, der 1999 begann und offiziell erst 2009 für beendet erklärt wurde. Bolotchanow diente bis vor Kurzem in den Sicherheitsstrukturen von Präsident Ramsan Kadyrow. Für seine Leistungen wurde er 2008 von Kadyrow mit der Medaille „für Verdienste um die Tschetschenische Republik" ausgezeichnet. Offiziell ist er aus dem Sicherheitsapparat ausgetreten, Major in Reserve. Die Vergangenheit in den Sicherheitsstrukturen, der luxuriöse Lifestyle, das Auftreten als Bataillon – all das lässt den Einsatz der Tschetschenen organisierter wirken, als der Kommandant eingesteht. Zumal die Männer aus einer Republik kommen, in der jeder Lebensbereich unter der strengen Kontrolle des Lokalherrschers steht. Kadyrow selbst hat stets abgestritten, Kämpfer in die Ukraine gesandt zu haben. Aber: Er könne freilich nicht ausschließen, dass sich Männer in den Donbass aufmachen würden. Freiwillig natürlich.

5 Unter Beschuss: Die Lage der Zivilisten in der Ostukraine

Wenn man in Donezk lebt, kann (muss!) man Folgendes lernen:
... sich im Bus NICHT ans Fenster zu setzen;
... auf der Straße zu gehen, in einem Ohr den Kopfhörer mit Musik,
während sich das zweite freie Ohr wie ein Radar dreht, um festzustellen,
aus welcher Richtung es kracht;
... einen Panzer von einem Schützenpanzer zu unterscheiden und sich
beim Lesen der Nachrichten im Internet verächtlich zu räuspern;
... sich zu merken, in welchen Apotheken noch Medikamente übrig und
am günstigsten sind;
... Schuhe auszuwählen, die nicht nur bequem zum Laufen sind, sondern
auch möglichst gut aussehen (früher war es umgekehrt!);
... sich nicht in Gespräche auf der Straße einzumischen, auch wenn man
noch so sehr dazu verleitet ist;
... die funktionierenden Ampeln ins Herz zu schließen;
... die nimmermüden Gemeindearbeiter in den Rang von Göttern zu
heben;
... und ganz allgemein, irgendwie anders leben zu lernen.
(Facebook-Eintrag von Jana Tkatschenko, Einwohnerin von Donezk,
23. April 2015, gekürzt)

Debalzewe – Rückkehr in eine Stadt in Trümmern

Im vorletzten Jahr des „Großen Vaterländischen Krieges" (des
2. Weltkriegs) schrieb Wolodymyr Sosjura, ein Sohn Debalzewes, ein patriotisches Poem: *Ljubit Ukrainu* – „Die Ukraine lie-

ben" heißt es, und die ersten Zeilen lauten: „Die Ukraine lieben wie die Sonne, wie den Wind, die Wiesen und Gewässer, in der Stunde des Glücks und im Moment der Freude ebenso wie in der Stunde des Unglücks."

„Die Ukraine lieben – das können wir nicht mehr", sagt Jelena Petrowna. Sie steht in einer Siedlung unweit von Debalzewes Stadtzentrum, die Bäume am Straßenrand in voller Blüte, dahinter Ruinen. Ihr Haus wurde am 16. Februar 2015 um acht Uhr früh von einem Artilleriegeschoss getroffen, nur die Grundmauern sind übrig geblieben. „Mit 60 bin ich obdachlos geworden", sagt sie. Sie lebt mit ihrem Hündchen bei ihrer Tochter ein paar Straßen weiter. Deren Haus ist bis auf ein paar Geschoßnarben unversehrt geblieben. Wie die meisten hier glaubt Petrowna ganz genau zu wissen, wer für die Zerstörungen im Ort verantwortlich ist: die ukrainische Armee. Es geschah zwei Tage, bevor die Soldaten Hals über Kopf aus der Kleinstadt flohen. Für die Armee war Debalzewe eine der großen Niederlagen des Krieges.

Debalzewe, 80 Kilometer nordöstlich von Donezk gelegen, ist ein Ende des 19. Jahrhunderts gegründeter Eisenbahnknotenpunkt. Die Stadt entwickelte sich um die Schienen herum: Werkstätten, Depots, Handel. Bis zum Ausbruch des Kriegs hatte es 26.000 Einwohner. Wie in anderen Städten des Donbass rissen prorussische Aktivisten im Frühling 2014 in der Stadt die Macht an sich. Im Sommer war der russische Frühling vorbei: Die ukrainische Armee nahm auf ihrem Vormarsch nach Donezk das Städtchen ein. Sieben Monate lang waren die Soldaten hier. Kein Bewohner will heute etwas Gutes über sie sagen: Sie seien unwillkommen gewesen, Besatzer statt Befreier, man habe sie gemieden, nach drei Uhr nachmittags habe man die Mädchen nicht mehr hinausgelassen, da viele Männer betrunken waren.

Zu Jahresbeginn 2015 wurde es enger für die Armee. Sie verlor an Terrain, und als die Verbände der „Donezker Volksrepublik" schließlich das benachbarte Wuhlehirsk einnahmen, begann sich der Ring um die ukrainischen Soldaten zu schließen. Am Ende waren mehrere hundert verbliebene Zivilisten und tausende Soldaten so gut wie eingeschlossen und standen unter ständigem Artilleriebeschuss – dramatische Tage zwischen Leben und Tod. Der in Minsk ausgehandelte Waffenstillstand wurde nicht eingehalten. Die Separatisten, unterstützt von russischen Verbänden, wollten die strategisch wichtige Stadt unbedingt einnehmen. Die Kiewer Armeeführung wies die Männer an, auszuhalten, trotz der immer misslicheren Lage.

Am 18. Februar dann zogen die Ukrainer aus Debalzewe ab. Während Präsident Poroschenko von einem „geordneten Rückzug" sprach, war die Lage vor Ort chaotisch. Die Zahl der eingeschlossenen Soldaten ist bis heute unklar; sprach die Armee zunächst von 7000-8000 Soldaten in Debalzewe, kursierte später die Zahl 3000. Verwundete wurden zurückgelassen, auch die Zahl der Toten ist bis heute umstritten: Offiziell gab es zunächst nur 19 Tote. Die tatsächliche Zahl liegt vermutlich bei mehr als 200. Im Hof des Leichenschauhauses im nahen Städtchen Artemiwsk (nunmehr Bachmut) reihten sich Holzsärge aneinander; in den dortigen Krankenhäusern wurden hunderte Verwundete versorgt.

Der hastige Abzug fand in den Morgenstunden statt. Die Hauptverkehrswege waren vermint, die Männer mussten teilweise durchs Dickicht laufen. Jura, ein ukrainischer Soldat mit Vollbart und rotblondem Haar, war einer jener, die mit dem Leben davonkamen. Im Gespräch wollte er nur seinen Vornamen nennen. In seiner dreckigen Uniform und mit einer Plastiktasche in der Hand stand er am 19. Februar im Zentrum von Artemiwsk und erzählte vom Ausbruch seiner Einheit tags zuvor, und zwar in gänzlich anderen Worten als der ukrainische Präsident. Der junge Soldat sagte nur: „Es war dunkel, es herrschten Chaos und Durcheinander." Es habe Geschosse geregnet, und Jura habe versucht, sich vor dem Angriff der Separatisten in Sicherheit zu bringen. Ein paar Stunden später zogen die Separatisten triumphierend in Debalzewe ein. Die Front war begradigt, die Stadt gehörte ihnen.

In der Geschichtsschreibung der „Donezker Volksrepublik" wird der Tag als „Befreiung von der Okkupation" gefeiert. Der Preis war hoch: Auch Monate nach der Einnahme der Stadt sind die Spuren des verbissenen Kampfes überall zu sehen. Eingestürzte Dächer, Einschusslöcher, zerbrochenes Glas. In Debalzewe gibt es kaum ein Haus, das nicht getroffen wurde.

Dass die Separatisten mit ihrem Beschuss von den umliegenden Stellungen aus für viele Zerstörungen im Ort verantwortlich sind, mag heute kaum einer zugeben. Für die, die die Gefechte hier überlebt haben, sind die neuen Eroberer die Befreier. So wie der Kommandant der Stadt: Er trägt den Kampfnamen Fil und ist ein nicht mehr ganz junger, durchtrainierter Mann in Militärkleidung und schwarzen Sportschuhen. Er zeigt auf ein schwarzes Loch im Wohnhaus in der Lenin-Straße 15. „Irreparabel beschädigt", konstatiert er, so wie weitere 20 Prozent der Bausubstanz. 60 Prozent der Schäden könnten wieder instand gesetzt werden. Die Frage ist nur: wann? Und womit beginnen?

Der Kommandant spricht über den Wiederaufbau durch die neuen Behörden: Die Versorgung mit Wasser und Strom ist größtenteils wiederhergestellt. Die Bewohner kehren zurück aus Russland und den ukrainisch kontrollierten Gebieten. Manchmal sind in der Ferne Detonationen zu hören, „aber nichts gegen das, was hier war", beteuert man hier. Die Front ist etwa zehn Kilometer entfernt. Kommandant Fil beschuldigt die andere Seite, keine Absprachen einzuhalten, die schwere Artillerie nicht wie vereinbart abgezogen zu haben. Habe er das auf seiner Seite veranlasst? „Natürlich." Nachprüfen lässt sich das nicht. Im Fall einer Eskalation könnten seine Leute freilich schnell wieder „operativ zur Stelle sein". Das klingt nicht nach baldigem Friedensschluss. „Beide Seiten sind bereit, bis zum Ende zu gehen." Und Fil macht klar, dass die DNR nicht klein beigeben will, nicht Leute wie er, die innerhalb eines Jahres vom Fahrer eines Donezker Firmenbosses zum Kommandanten von „tausenden" Kämpfern und einer ganzen Stadt aufgestiegen sind: eine in Friedenszeiten undenkbare Karriere. Dafür hat er viel riskiert. „Im April 2014 habe ich mein Haus, meine Arbeit und meine Familie verlassen", erzählt der gebürtige Donezker. „Ich habe meinen Jagd-Tarnanzug angezogen, meine Gaspistole in die Hand genommen und beim Bataillon ‚Wostok' angeheuert. Ich bin einfach hinausgegangen, um die Stadt zu verteidigen." Seine Motivation? Die neue Regierung wollte den Russischsprachigen ihre Rede verbieten, behauptet Fil, die Verbindungen nach Russland abtrennen. Dagegen habe er sich gewehrt. Feldkommandanten wie Fil leben vom Krieg. Mit Kompromissen am Verhandlungstisch möchten sie sich nicht zufriedengeben. „Wir werden bis an die Grenzen des Donezker Gebiets gehen", kündigt er an. „Nach dem Referendum haben wir das moralische Recht dazu." Seine Kämpfer seien in bester Form.

Der Kiewer Unabhängigkeitsplatz (Maidan) im Jänner 2014: Die Demonstranten haben ihr Protestcamp befestigt.

Das Anwesen des ukrainischen Expräsidenten Viktor Janukowitsch, Meschyhirja genannt, am Stadtrand von Kiew.

Russische Soldaten ohne Abzeichen, sogenannte „grüne Männchen", umrunden die ukrainische Kaserne in Perewalne auf der Krim.

Ukrainische Soldaten schauen skeptisch aus ihrer von russischen Speznas umzingelten Kaserne in Perewalne.

„Wostok"-Kämpfer Wladlen mit seinem
Dragunow-Scharfschützengewehr.

Straßensperre von Anhängern der Separatisten
am Rande von Slowjansk, Mai 2014.

Machtbeweis: „Wostok"-Kämpfer paradieren am 9. Mai 2014 durch das Zentrum von Donezk.

Der frühere „Wostok"-Kommandant und jetzige Vorsitzende des DNR-Sicherheitsrates Alexander Chodakowskij in seinem Büro, rechts die Büste seines Idols Felix Dserschinskij.

Separatistenanführer Alexander Sachartschenko mit Veteranen bei der Siegesparade am 9. Mai 2015 in Donezk.

Bürger der Bergarbeiterstadt Makiiwka nach der Stimmabgabe beim DNR-Referendum, 11. Mai 2014.

Selbst kopierte Wahlzettel für das Status-Referendum der „Donezker Volksrepublik" am 11. Mai 2014.

Jekaterina Wasilewna vor den Ruinen ihres Hauses in Slowjansk, August 2014.

Zivile Opfer: Splitter einer Artilleriegranate zerstörten am 27. August 2014 die Oberleitung eines Trolleybusses, die drei Menschen in dem Fahrzeug starben an einem Stromschlag.

Von Artilleriegranate zerstörte Wohnung im Donezker Bezirk Kalininskij, 27. August 2014. Die Familie war zum Zeitpunkt des Einschlags nicht zu Hause.

Eine Frau kocht auf offenem Feuer im Hof des Kulturhauses im Donezker Bezirk Petrowskij. Familien fanden im Keller des Kulturhauses Zuflucht vor Beschuss, August 2014.

Wenig Raum für Spaß und Spiel: Ein Mädchen zeichnet im Hof des Kulturhauses.

Turnlehrerin Jelena Georgiewna in ihrer zerstörten Wohnung im Donezker Bezirk Oktjabrskij, Juni 2015.

Der orthodoxe Geistliche Roman tauft den kleinen
Nikolaj im Untersuchungsgefängnis von Donezk.

Julia Wlasowa (2. v. l.) mit befreundeten Kindern vor ihrem Wohnblock im Donezker Stadt-
bezirk Petrowskij.

Bewaffnete halten die Stadtverwaltung von Horliwka besetzt, Mai 2014.

Vier Tage nach dem Abschuss durch eine Buk-Rakete am 17. Juli 2014 werden Wrackteile des Fluges MH17 in Hrabowe auf einen Laster gehievt.

Der kadyrowtreue Tschetschene Apti Bolotchanow, Kommandant des „Todes"-Bataillons, kämpfte auf Seiten der Separatisten.

Feuerzeuge, Wimpel, Kühlschrankmagnete und Aufkleber in Schwarz-Blau-Rot: Verkauf von Souvenirs „made in DNR" in Donezk.

Die Aufschrift *ubeschischte* in einem Wohnbezirk der ukrainischen Hafenstadt Mariupol weist auf einen Schutzkeller hin.

Ein ukrainischer Soldat zeigt die Einschlagspur einer Kugel auf der Einlage seiner Schutzweste.

Bürger von Popasna gehen am Kellereingang in Deckung. Im nahen Debalzewe tobten im Jänner 2015 schwere Gefechte.

Eine Helferin der NGO „Verantwortungsvolle Bürger des Donbass" liefert Hilfsgüter an Donezker Bürger, die im Luftschutzbunker leben.

Ukrainische Soldaten ziehen sich am 18. Februar 2015 aus Debalzewe zurück. Anders als von Kiew behauptet war der Abzug chaotisch.

Zivilisten in Debalzewe, seit Wochen in einem Kessel eingeschlossen, erhalten eine erste Brotlieferung nach der Einnahme durch die Separatisten, 22. Februar 2015.

Zerstörtes Wohnhaus in Debalzewe in der Lenin-Straße 15.

Kosakenanführer Raschid Schakirsjanow in seinem Hauptquartier in der Stadt Antrazyt.

Lebensmittelpakete des Internationalen Roten Kreuzes werden am 22. Februar 2015 in Debalzewe verteilt.

Der heimgekehrte Offizier Ruslan Filipsonow im Militärkrankenhaus von Lemberg, Juni 2015.

Die Slowjansker Traumatherapeutinnen Olja Pastuchowa und Tanja Aslanjan
von der NGO „Promir".

Dabei gewöhnt sich Debalzewe gerade wieder an einen friedlichen Alltag. Schulen und Kindergärten sind in Betrieb, die Buchhandlung am zentralen Platz hat wieder geöffnet. In einer langen Schlange stehen Menschen mit Lebensmittelmarken um einen Laib Brot an. Neben einem mit Schutt gefüllten Bombenkrater auf dem zentralen Platz tanzen Kinder mit einer jungen Frau in einem kurzen Kleid einen ausgelassenen Tanz. „Streckt die Hände in den Himmel", brüllt Rufina Sintschenko ins Mikrofon, und die Kinder machen es ihr nach. Sintschenko ist eine Tochter Debalzewes, sie hat lange in Kiew gelebt und ist zurückgekehrt, um ihrem Geburtsort in diesen schweren Tagen etwas zurückzugeben. Viel empfänglicher, viel dankbarer seien die Kleinen hier für ihr Unterhaltungsprogramm als in Kiew oder Charkiw, denn nach den Wochen der Entbehrungen sei die Freude über ein bisschen Abwechslung besonders groß. Patriotisches und Politisches lässt die Mittzwanzigerin lieber außen vor. „Bei mir müssen sich die Kinder zu nichts bekennen."

Doch es scheint, als habe Debalzewe seine Wahl getroffen. „Die Ukraine lieben und ewig bei ihr bleiben", mit diesen Worten endet Sosjuras Poem. Die zehnjährige Mila tanzt mit den anderen Kindern auf dem Hauptplatz. In der Schule hat sie ein Gedicht geschrieben, eine Bitte an den „Herrn Obama" um Frieden. Milas Gedicht endet so: „Russland hat Kraft und Stärke, gemeinsam mit Russland werden wir leben."

In der Schusslinie am Rande von Donezk

Auf den ersten Blick scheint in Jelena Georgiewnas Wohnung alles wie gehabt. Doch im Wohnzimmer klafft ein Loch in der

Wand. Vom verglasten Balkon, von dem man auf den gegenüberliegenden Häuserblock und die umliegenden Gärten sehen konnte, sind nur verbrannte Reste geblieben. Schon im Winter hat ein Geschoss eingeschlagen, der Balkon brannte aus. Jelena Georgiewna, Turnlehrerin und Choreografin aus Donezk, hat sich an den Anblick gewöhnt. Durch mühevolles Schrubben ist es der 48-Jährigen gelungen, die dicke Rußschicht, die sich über die Einrichtung gelegt hat, da und dort wegzubekommen. Georgiewna ist eine Frau mit blondem Haar, die dünne Damenzigaretten raucht und gerne grünen Tee mit Milch trinkt. Ihre Wohnung, in der sie mit ihrer Tochter lebte, ist ihr ganzer Stolz. Georgiewna hatte das Apartment gerade generalsaniert, da kam der Krieg. Türen mit Hellholzfurnier, eine großzügige weiße Badewanne, eine neue Schrankwand im Wohnzimmer. „Wir haben das alles nicht richtig nutzen können", sagt sie betrübt. Dann geht sie hinüber in die Küche.

Hier ist etwas anders. In die türkisfarbenen Fliesen haben Granatsplitter eingeschlagen. Ungläubig blickt sie auf die Löcher, tastet sie mit den Händen ab. Jelena Georgiewna steht in ihrer zehn Quadratmeter großen Küche und weint. Zuerst unmerklich, dann schluchzt sie laut. „Die waren doch ganz neu", wiederholt die Frau verzweifelt. „Ganz neu." Die Splitter kamen durch das Fenster geflogen, in dem statt Glas nur noch Plastikfolie hängt. Georgiewna weiß nicht, wann es passiert ist. Vielleicht war es gestern, vorgestern, oder vergangene Woche. Beim letzten Besuch vor zwei Wochen war in der Küche noch alles heil. Doch die kleinen Narben in den Fliesen haben ihren Traum zunichte gemacht: dass zumindest die Küche später noch verwendbar sein würde.

Der Wohnblock der Frau befindet sich im Donezker Außenbezirk Oktjabrskij. Es ist eine ruhige Siedlung mit ein paar geziegelten Blockbauten aus den 1970er Jahren und vielen kleinen Privathäusern mit Gärten. In der Nähe liegt der Schacht Oktjabrskij. Der Bezirk ist ein Viertel der einfachen Leute. Auch der Donezker Oligarch Rinat Achmetow ist hier in der unscheinbaren Udarnaja-Straße aufgewachsen. Er stammt aus einer Bergmannsfamilie. „Früher waren alle froh, so nah am Flughafen und am Bahnhof zu wohnen", sagt Georgiewna. „Jetzt ist diese Lage unser Verhängnis."

Denn der Bezirk Oktjabrskij liegt seit Beginn des bewaffneten Konflikts im Donbass in der Schusslinie. Das Leid der Bürger begann hier am 26. Mai 2014, als die ukrainische Armee gegen die Besetzung des Flughafens durch prorussische Kämpfer vorging. Über Oktjabrskij flogen Helikopter und Kampfflugzeuge und schossen auf die Bewaffneten, die sich im Flughafenareal verbarrikadiert hatten. Später versteckten sich geflohene Kämpfer zwischen den Häusern. Die Armee eroberte den Flughafen zurück, doch die Separatisten wollten sich nicht geschlagen geben. Im Jänner 2015 nahmen sie den Airport erneut ein. Da war er nur noch eine Ruine. Nun befinden sich die Stellungen der ukrainischen Armee ein wenig weiter nördlich. Oktjabrskij liegt noch immer in der Schusslinie, nicht zuletzt deshalb, weil die Donezker Separatisten aus Wohngebieten wie Oktjabrskij heraus feuern.

Die Separatisten beschuldigen die Armee, absichtlich zivile Infrastruktur zu zerstören. Das sei Teil ihrer „Strafoperation" im Donbass, das Militär wolle die Zivilbevölkerung töten. Viele Bürger glauben diese Propagandaversion. Doch die Wahrheit ist komplexer. Und sie berührt ein Tabuthema der Separatisten. Da sie die dicht besiedelte Stadt kontrollieren, müssen sie aus Wohnvierteln schießen – und dabei den Beschuss des Gegners in Kauf nehmen. Die mobilen Waffensysteme sind längst an anderen Orten, wenn die Antwort aus Geschützen kommt. Was aber noch da ist, ist die zivile Infrastruktur: Wohnhäuser, Schulen, Kindergärten. Fjodor Beresin, Vizekommandant von Donezk und Chef des Panzerbataillons „Diesel", streitet dieses Inkaufnehmen ziviler Opfer gar nicht erst ab: „Welche andere Möglichkeit haben wir?", fragt er. An der Anschuldigung, die Separatisten verwendeten die Bürger als menschliche Schutzschilde, sei „ein gewisser Anteil Wahrheit". Beresin, ein Mann in Militäruniform und mit grauem Schnurrbart, stellt eine Gegenfrage: „Aber was sollen wir sonst tun? Sollen wir aufs freie Feld gehen und dort kämpfen? Krieg führen ist nicht schön. Wir sind hier auf unserem Territorium, wir sind hier im Recht, die Armee hat sich mit uns angelegt." Beide Seiten nehmen bei diesem Krieg im bewohnten Gebiet den Tod von Zivilisten in Kauf. Zivilisten wie Jelena Georgiewna.

Sie war mir ein paar Tage zuvor auf einer Kundgebung begegnet. Mehrere hundert Bürger aus Außenbezirken wie Oktjabrskij waren ins Stadtzentrum gezogen. Sie hatten das Gefühl, vom Zentrum vergessen worden zu sein und verlangten eine Aussprache mit Republikchef Alexander Sachartschenko. Als die Behörden nicht reagierten, blockierten die Menschen die Artjom-Straße, die Hauptverkehrsader der Stadt. Georgiewna gehörte zu der kleinen Gruppe, die zu Sachartschenko vorgelassen wurde. In seinem klobigen Amtssitz, dem früheren Gebäude der Donezker Gebietsverwaltung, präsentierte die Gruppe dem Anführer die Anliegen der Bewohner: Sicherstellung der Versorgung mit Gas und Strom, Hilfe gegen Plünderer, Hilfe bei der Umsiedlung, und das Wichtigste: Einstellung des Beschusses. „Ständig werden wir bombardiert, ständig müssen wir uns verstecken", erzählten die Menschen auf dem Treffen. „Wir fühlen uns schutzlos." Es war der Beginn des zweiten Kriegsjahres. Die meisten Menschen auf der Protestkundgebung interessierte es nicht mehr, wer auf sie schoss. Sie wollten einfach, dass es aufhörte. Zum ersten Mal war der Ruf nach Frieden zu hören, ganz konkret, nicht abstrakt, wie er auf den Kundgebungen der Separatisten routinemäßig beschworen wurde. „Wir wollen Frieden", riefen die Bewohner. Und: „Wir wollen diesen Krieg nicht." Nicht alle hier waren mehr überzeugt davon, dass die Separatisten die Menschen verteidigten, wie sie behaupteten.

Während am Stadtrand Menschen in Kellern saßen, war die Wirklichkeit im Zentrum im Juni 2015 eine andere. Man konnte fast meinen, im Donbass sei wieder Friede eingekehrt. Kinder fuhren in Elektroautos über den Lenin-Platz, am Ufer des Flusses Kalmius picknickten Bürger im Gras und im Wasser paddelten Kanufahrer. Im Sommer 2014 wäre das unmöglich gewesen: Zu nahe waren damals die ukrainischen Truppen der Stadt gewesen. Jeden Tag waren im Zentrum Gefechte zu hören gewesen, jeden Tag neue Einschläge erfolgt. Doch die Armee war ein Jahr später weiter weg. Nur noch die Randbezirke bekamen das zu spüren, und Donezk ist eine weitläufige Stadt. Vom Zentrum bis zum westlichen Stadtrand sind es gar 25 Kilometer. „Die Leute im Zentrum leben gut, und wir kriegen alles ab. Aber wir sind doch auch Bürger der Stadt", sagte die Oktjabrskij-Anwohnerin Alla Anatoliewna.

Viele der Anwesenden vor dem Regierungsgebäude forderten eine Feuerpause. Die Separatisten sollten ihre schweren Waffen aus dem Wohnbezirk entfernen, damit dieser nicht länger als Zielscheibe für Angriffe der Gegenseite diene. Andere wiederum befürworteten eine Offensive der prorussischen Milizen: Die Kämpfer sollten die ukrainischen Truppen weiter abdrängen. „Bis in die Stadt Krasnoarmiisk", verlangte ein alter Mann, also mehrere Dutzend Kilometer weiter westlich. „Aber dort leben doch auch Menschen", entgegnete eine Frau.

Die Protest-Aktion, von den Bürgern selbst organisiert und über soziale Netzwerke verbreitet, illustriert die mittlerweile verzweifelte Lage vieler Zivilisten nahe der Frontlinie. Nach zwei Stunden tauchte der Chef der „Donezker Volksrepublik" Sachartschenko auf. Er konnte die Menschen kaum beruhigen. „Schließt euch der Armee an, lernt kämpfen", schlug der verwundete Republikchef vor, der nur mit Hilfe von Krücken gehen konnte, da sein rechter Fuß eingegipst war. Der Unmut nahm weiter zu, als er die von den Bürgern geforderte Einstellung der Kampfhandlungen ausschlug. „Wir verteidigen uns nur", sagte er, und das müsse die DNR auch weiterhin tun. Und er rief die Bürger der Stadt auf, sich wieder zu beruhigen.

Als mir Jelena Georgiewna ihren Bezirk zeigt, verstehe ich, warum sich die Bewohner nicht beruhigen wollen. In Oktjabrskij vergeht kein Tag ohne Explosionen, Schüsse und Einschläge. Auch auf dem Marktplatz des Bezirks, wo sich die Busstation befindet, ist unlängst eine Granate explodiert. Sie hat die Marktstände zerfetzt, sodass von ihnen nur noch ein paar verbogene Metallgerüste übrig geblieben sind. In den Trümmern liegt ein Hundekadaver, niemand räumt ihn weg, er wird ignoriert. Daneben türmen sich Bauschutt, Äste und Glas, die traurigen Reste der Marktstände. Nur der Bäcker hat noch geöffnet und ein paar Pensionisten stehen um Brot an. Kolja, ein beleibter Mann mit dem roten Gesicht eines Trinkers, verkauft auf einem Holzklapptisch ein paar Waren: Würste, Limonade,

Käse. Das ist die einzige Nahversorgung für jene, die hier noch ausharren. Die Angst vor Plünderern geht um. In leer stehende Quartiere wird eingebrochen und Gegenstände werden säckeweise abtransportiert. Erkundigt man sich nach den Plünderern, erhält man Antworten, die daran zweifeln lassen, dass die Mitglieder der „Volkswehr" allesamt gutherzige Verteidiger der Lokalbevölkerung sind. „Wer sind die Marodeure?" – „Die, die es sich erlauben können", sagt eine Frau. – „Sind darunter auch *opoltschenzi*?" – „Ja, die sind auch darunter." Jeder Unbekannte, der mit einem Lieferwagen oder Auto durchs Viertel fährt oder mit Säcken herumläuft, ist den Bewohnern verdächtig.

Jelena Georgiewnas Wohnungstür ist durch den Brand verzogen. Sie kann sie schließen, aber nicht abschließen. Der Trick der 48-Jährigen ist, ein Klebeband zwischen Tür und Rahmen anzubringen: Das sieht offiziös aus, als sei eine Behörde hier gewesen. Georgiewna hofft einfach, dass es Plünderer abhalten wird. Die Turnlehrerin ist im Winter ins Zentrum der Stadt gezogen, sie wohnt nun in der Schule, wo sie unterrichtet. Hier in Oktjabrskij hat sie um ihr Leben gefürchtet, und es ist bitterkalt gewesen, ohne Gas und Strom. Sie kommt her, wann immer es geht, um nach dem Rechten zu sehen, und um ihr selbst eingelegtes Gemüse mitzunehmen. Schwer bepackt mit Plastiktaschen steigen wir die Stufen hinab und gehen ein letztes Mal durch das Viertel, bevor wir einen klapprigen Bus zurück ins Zentrum nehmen. Georgiewna hat sich wieder gefangen, doch scheint sie ratloser als zuvor. Womöglich ahnt sie, dass sie den Traum von der Rückkehr in ihr früheres Leben aufgeben muss.

Julia hatte mir eine Nachricht auf Facebook geschrieben: „Du kannst kommen, es ist ruhig bei uns. Bisher zumindest."

Ich nahm ein Taxi. Vom Zentrum Donezks bis in die Kosarew-Straße waren es mehr als 25 Kilometer. Mit der Marschrutka, dem mit Passagieren vollgestopften Kleinbus, benötigt man bei guter Umsteigeverbindung eineinhalb Stunden. Donezk ist eine weitläufige Millionenstadt, Wohngebiete wechseln sich mit Industrieanlagen und Grünflächen ab, und dazwischen sprießen *terikony*, die rotbraunen Schlackehügel aus den Bergwerken.

Je näher wir an Julias Wohngebiet kamen, desto mehr trat der Taxifahrer aufs Gaspedal, als könne er so den Geschossen entgehen, die hier immer wieder einschlagen. Ich verstand ihn: Nur schnell weg von hier.

Julias Bezirk Petrowskij wurde seit Kriegsbeginn immer wieder beschossen. Er liegt im Südwesten der Stadt, eine Ansammlung aus Wohnblöcken für Schachtarbeiter und Einfamilienhäusern mit Gärten. Als im Sommer 2014 die ukrainische Armee vor den Toren Donezks gestanden hatte und die Separatisten sich aus der Stadt heraus verteidigt hatten, waren hier viele Zivilisten in Schutzkeller geflüchtet. Das Wort dafür, *ubeschischte,* stand in Petrowskij in roter Farbe an die Hauswände gepinselt. Von den Tausenden, die damals unter die Erde geflohen waren, wohnten in Donezk ein Jahr später noch immer 1000 in den Bunkern. Manche, weil sie ihr Zuhause verloren und nicht die Mittel hatten, um es wieder instand zu setzen; manche, weil sie so stark traumatisiert waren und sich an der Erdoberfläche schlicht fürchteten. Oder weil sie im Kampfgebiet lebten, so wie Julia Wlasowa.

Die Kosarew-Straße ist lang und Julias Haus eines der letzten. Das Taxi hielt vor Hausnummer 84. In der Fassade des einstöckigen Mehrparteienhauses steckten Granatsplitter. Viele Fenster waren mit Plastikfolie verklebt, manche mit Holzplanken zugenagelt. Notdürftige Reparaturen, die schon der nächste Angriff hinwegfegen würde.

„Wir leben an der Frontlinie", sagten Julia und die anderen Kinder, wenn man sie nach ihrem Wohnort fragte. Ich hatte sie bei einem Besuch mit der NGO „Verantwortungsvolle Bürger des Donbass" kennengelernt, die die Bewohner des Hauses Nummer 84 regelmäßig mit Medikamenten und Hygieneartikeln versorgte. Den Kindern hatten die „Verantwortungsvollen Bürger" Spielsachen mitgebracht. Julia und ich waren auf Facebook befreundet und schrieben einander.

Julia war 14 Jahre alt, trug ihr brünettes Haar schulterlang, dichte Stirnfransen fielen ihr in die Stirn. Wenn sie lachte, bildeten sich auf ihren Wangen Grübchen. Sie war noch ein Kind, aber sie würde schnell erwachsen werden. Den letzten Rest Babyspeck wollte sie in jenem Sommer loswerden, mit Hilfe eines täglichen Fitnessprogramms, das sie für sich erstellt hatte: 40 Sit-ups, zehn Liegestütze, je 20 Hüftdrehungen nach rechts und nach links, 60 Rumpfbeugen und 30 Kniebeugen. Nach 18 Uhr war Essen streng verboten. Julias Vertraute war Sabina, ein hochgewachsenes Mädchen mit langem, gelocktem Haar und Sommersprossen im Gesicht. Die Mädchen saßen am liebsten im Hof des Wohnhauses auf Autoreifen, die zur Hälfte in der Erde steckten. Hier waren sie ungestört. Julia dachte sich gerne Tanz-Choreografien aus. Auf ihrem Facebook-Profil hatte sie folgenden Dialog gepostet: „Warum hast du den Hörer nicht abgenommen?" – „Weil ich zur Handymelodie getanzt habe."

Sie wollte Friseurin, Visagistin oder Model werden (Sabina Visagistin oder Model) und ihr größter Wunsch – nach dem Wunsch nach Frieden – war ein iPhone. Als sie meines in die Hände kriegte, betrachtete sie es von allen Seiten. „So dünn, so leicht ist das." Dann schoss sie ein Selfie nach dem anderen. Auf den Fotos, die ich später auf meinem Handy fand, nimmt sie die Pose eines Teenagers ein, so durchschnittlich und unbeschwert wie nur möglich. Das Lachen breit, die Finger zu einem V geformt.

500 Meter vom Haus des Mädchens entfernt standen die *opoltschenzi*. Sie fuhren oft in ihren Autos und Lieferwagen vorbei. Die Kinder winkten ihnen zu. Die prorussischen Kämpfer hatten dort einen Checkpoint aufgebaut, dahinter befanden sich ihre Stellungen, versteckt in einem Waldstück. Die Wälle der Schützengräben, auf denen sie ihre Waffen aufgebaut hatten, waren kaum sichtbar. Einen Kilometer weiter, hinter den Feldern, lag der Ort Marynka, unter ukrainischer Kontrolle. Beide Seiten feuerten aus Scharfschützengewehren, Panzerrohren und Mörsern. Sie sahen ihr Ziel nicht. Sie schossen trotzdem. Oft trafen sie nicht.

Die Bewohner hatten zu unterscheiden gelernt, wie nah oder fern ein Geschoss war, ob es von der eigenen Seite abgefeuert wurde (ungefährlich) oder ob es von den Ukrainern kam (gefährlich). Die Kinder wussten, was ein Schützenpanzerwagen war, sie wussten, was eine Grad-Rakete war und wie Landminen aussahen.

Im Juli 2014 war der Krieg zu Julia nach Hause gekommen. Er hatte die Bewohner aus ihren Wohnungen in den Keller vertrieben. Nur auf den ersten Blick herrschte Chaos in dem nackten Betongewölbe. Julia erklärte mir die Ordnung. Der Keller, zu dem steile Stufen hinabführten, bestand aus mehreren Abteilen, die mit Wolldecken voneinander abgetrennt waren. In jedem „Zimmer" hatte sich eine Familie häuslich eingerichtet. Ein Bett stand eng neben dem anderen, es waren Eisengestelle oder Holzplanken mit Matratzen darüber. Daneben lagen die wichtigsten Habseligkeiten, Fernseher, Wasserkocher, Kleidung. 40 Menschen fanden hier Unterschlupf, zwölf davon waren Kinder. Die Luft war feucht, aber nicht so drückend wie in anderen Bombenschutzkellern im Bezirk, in denen ich zuvor gewesen war.

Im Bunker zeigte Julia auf ein noch leeres Metallgestell in einem schmalen Seitenabteil in der Mitte des Gemäuers. Es würde mein Bett für die Nacht sein. Mir war mulmig zumute. Julia hatte mir geschildert, wie die Wände wackelten, wenn Geschosse in der Nähe einschlugen. Wie sie dann hier bei Kerzenlicht saßen, ohne Aussicht, den Keller verlassen zu können. Ein paar Tage zuvor war es ganz in der Nähe zu schweren Kämpfen gekommen und die Menschen in der Kosarew-Straße hatten tagsüber stundenlang im Bunker ausharren müssen. „Ich dachte, wir sterben", sagte Julia. In solchen Momenten versuchten sich die Menschen mit Gesprächen abzulenken. Es klappte nicht immer.

Ich schob diese Aussichten schnell beiseite. Die Mädchen schliefen jede Nacht hier. Einmal würde ich das auch schaffen.

„Ich mache dir später dein Bett", sagte Julia. „Jetzt lass uns spielen."

Draußen schien die Sonne. Die Vögel zwitscherten, die Katzen putzten ihr Fell im staubigen Hof. Früher war das Viertel ein Paradies für Kinder gewesen. Auf der Straße, die am Haus vorbeiführte, fuhren kaum Autos. Zwischen den niedrigen

Wohnblöcken lagen Scheunen, Gärten und verwilderte Grünflächen, die zum Herumstreunen einluden. In den Holzschuppen hinter dem Wohnhaus zogen mehrere Bewohner Hühner und Tauben, auf der gegenüberliegenden Wiese grasten Ziegen. Der Kinderspielplatz lag fünf Minuten vom Haus entfernt, fünf Minuten in die andere Richtung befand sich ein von Schilf umrahmter Badeteich. Zu den Lieblingsspielen der Kinder zählten Verstecken und Fangen. Hin und wieder waren sie auch in den großen Park im Bezirkszentrum gefahren.

Jetzt erlaubten ihnen die Eltern nur noch, im Hof zu spielen. Der zeigte nach Norden und war durch das Wohnhaus relativ geschützt im Fall von Beschuss. Die Kinder spielten Fangen, doch das Spiel wollte nicht so recht in Gang kommen: Wirklich wegrennen konnte man im Hof nicht. Sie hüpften mit Springschnüren herum, die ihnen die „Verantwortungsvollen Bürger" gebracht hatten, knüpften Armbänder und spielten das Spiel „Wer bin ich", bei dem man sich mit Spucke Zettel auf die Stirn klebte, auf denen eine Bezeichnung stand, die man erraten musste. Die Bezeichnungen lauteten: Badeschlapfen, Erdbeere, Prinzessin, Wohnung, Keller. Die Tage zogen sich hin, die Stunden vergingen langsam. Immer wieder mussten sie sich etwas Neues einfallen lassen, um nicht von der Langeweile eingeholt zu werden. Wenn sie auf die Straßen gingen, waren die Eltern beunruhigt, das Herumstreifen in der Nachbarschaft war überhaupt verboten. Wir schlenderten mit den anderen Kindern in den Hintergarten. Dort stand ein Kirschbaum. Die roten Kirschen waren süß und reif.

„Ist bei euch Krieg?" fragte mich der kleine Witalik.

„Nein", sagte ich.

„*Kruto!*" sagte Sabina. „Cool!"

„Der letzte Krieg bei uns war vor 70 Jahren", sagte ich. „Der Große Vaterländische."

„Der war bei uns auch", sagte Sabina.

„Da haben wir gegen die Faschisten gekämpft", sagte Witalik.

„Ja, gegen uns."

Witalik schaute mich verwirrt an.

„Also, damals waren wir die Faschisten", versuchte ich zu erklären.

Mit der ukrainischen Armee auf der anderen Seite war es ein bisschen so wie mit den Faschisten, von denen die Kinder in der Schule und zu Hause viel gehört hatten. Solange der Feind abstrakt ist, ist die Sache einfach. Die Bewohner der Kosarew-Straße nannten die auf der anderen Seite *ukropy*. Ukrop bedeutet wörtlich Dill. Es war eine wenig schmeichelhafte Bezeichnung, eine Verballhornung von „Ukrainer". Die Erwachsenen wollten nicht von den *ukropy* befreit werden, sagten sie. Die Soldaten seien „Okkupanten" und sollten besser nach Hause gehen. Die Erwachsenen dachten nicht daran, ihre Behausungen zu verlassen, auch wenn diese an der Frontlinie lagen. Die kleinen Wohnungen waren alles, was sie hatten. Petrowskij war ihr Land, sie würden nicht weichen.

Es gibt im Russischen das Verb *navjasivat'*. Es bedeutet, jemandem etwas aufzudrängen, zu oktroyieren. Ich bekam es bei meinen Besuchen in der Kosarew-Straße häufig zu hören, wenn mich die Erwachsenen zu sich an den Tisch holten, um mir die Lage zu erklären. Es waren hitzige, laute, wodkatrunkene Gespräche, ein Stimmengewirr, das nur unterbrochen wurde, wenn wieder eine neue Speise auf den Tisch gestellt wurde. Ich war eine Westlerin und sollte zum Sprachrohr der Bewohner werden, eine mir zugedachte Rolle, die mich über-

141

forderte und zugleich ratlos machte. Ich wollte eine Geschichte über die Kinder schreiben, doch die Erwachsenen hatten mich „gekidnappt". Ich hörte zu, nickte höflich und nippte weiter an meinem Wodkaglas.

Die Erwachsenen unterstützten die *opoltschenzi*, wie sich die Separatisten selbst nannten. Julias und Sabinas Eltern hatten bei dem Referendum für die DNR gestimmt. Sie arbeiteten in den Bergwerken der Umgebung, in der Kläranlage und im Gaswerk, sie waren einfache Arbeiter. Sie verließen sich auf die Versprechen der Donezker Separatisten, dass ihre Arbeitsplätze erhalten bleiben würden. Sie glaubten, dass es in der DNR möglich sei, autark von der Ukraine zu leben. Nun habe es endlich ein Ende mit der Bevormundung durch die Hauptstadt. Für ihr Leben am Existenzminimum, ihr Gerade-noch-Auskommen machten die Hausbewohner den bisherigen Machtdeal zwischen Politik und Oligarchie verantwortlich. Man konnte es ihnen schwer verübeln. Sie hatten in der Vergangenheit für Viktor Janukowitsch gestimmt; ein anderer als ein Donezker wäre für sie nicht in Frage gekommen. Doch nun war er weg, und es fühlte sich wie Verrat an. Von der DNR erhofften sie sich das, was die Ukraine ihnen vorenthalten hatte: Gerechtigkeit.

An den Abenden im Bunker schauten die Bewohner russisches Fernsehen. Dem ukrainischen TV vertrauten sie nicht. Sie waren überzeugt davon, dass die ukrainische Armee von Söldnern durchsetzt sei, dass auf der anderen Seite dutzende Amerikaner (despektierlich *amerikosy* genannt), Polen und Georgier kämpften. Und dass die Armee absichtlich auf zivile Ziele schieße, während die Separatisten dies nicht täten. Die *opoltschenzi*, sagten sie, griffen nur die militärischen Stellungen des Gegners an.

Julia, Sabina und die anderen hatten die Sichtweise ihrer Eltern übernommen. Vom Kiewer Maidan hatten sie so gut wie nichts mitbekommen, von den Vorgängen im Zentrum Donezks – den Besetzungen und prorussischen Demonstrationen – ebenso wenig. Für die Kinder war erst Krieg, als er vor ihrer Haustür stand. Da brach ihre alte Welt zusammen. Doch sie hatten die neue Realität schnell in ihre Welt integriert; in ihre Spiele, in ihre Träume und Späße. Die Mädchen malten sich Tattoos auf den Arm, auf denen „Separatistin" geschrieben stand. Auf Facebook luden sie Fotos von sich hoch, vermummt, die Hand zur Pistole geformt. Sie waren mit *DNR rulit*, „DNR rules", betitelt. Im Keller hatten die Kinder in ihrem Fernsehzimmer die Wand bemalt. „Ruhm der DNR" stand da geschrieben. Daneben stand: „Gott hilf uns". Denn die neue Realität war auch voller Gefahren und Ängste. Die Kämpfer beeindruckten die Kinder. Die kleine Ilona konnte zwinkern wie „Motorola", ein berühmt-berüchtigter Donezker Bataillonskommandant. Die Buben wollten so heldenhaft sein wie die Kämpfer, die Mädchen bewunderten die jungen Männer, von denen einige nur zehn Jahre älter waren als sie. Sie waren anders als die Nachbarsbuben um die Ecke, die sich wichtigmachten. Sie waren schon „richtige Männer". Einmal sei ein *opoltschenez* mit dem Auto bei ihnen stehen geblieben, erzählte Sabina. „Er fragte: Gibt es hier irgendwo ein Geschäft? Und Julia nur so mit großen Augen: Jaaaaa." Sabina kicherte. „Nichts weiter! Sie hat nichts weiter herausgebracht!!!"

Julia wusste nicht, was auf der anderen Seite passierte. Sie hatte keine Bekannten im nahen Marynka, das ukrainisch kontrolliert war. Aber die Bedrohung, erschossen zu werden, war eine ständige Begleiterin.

Einmal schrieb ich ihr:
„Du bist ja ganz schön clever und gefährlich."
„Wir Donezker sind alle gefährlich", antwortete sie. „Wir sind doch Separatisten und Terroristen."
„Wer sagt das?"
„Die Ukraine."
Julia wurde im September 2000 geboren und ist in der unabhängigen Ukraine aufgewachsen. Doch von ihrem Land hatte sie wenig gesehen. Ihre Heimat war Petrowskij, nicht die Ukraine. Julia war noch nie in Kiew gewesen. Nur in Odessa, in Mariupol und in ein paar Kleinstädten im Gebiet Donezk. Sie hatte in der Schule Ukrainisch gelernt und fand die Sprache leicht, selten musste sie länger nachdenken, um ein passendes Wort zu finden. Sie hatte die Werke von Taras Schewtschenko und Lesja Ukrainka gelesen. Sie mochte die ukrainische Literatur. Jetzt, sagte sie, sei es besser, nicht ukrainisch zu sprechen.

Am späten Nachmittag fiel ein Schuss. Dann mehrere, eine ganze Salve. Die Eltern riefen die Kinder, sie sollten jetzt nur noch nahe dem Eingang zum Schutzkeller spielen. Aus der Ferne waren mehrere Detonationen zu hören. Mörser, sagten die Bewohner.

Julia und Sabina schlugen vor, im Keller fernzusehen. Ich willigte ein. Die Mädchen hatten im Internet koreanische Filme entdeckt und begonnen, diese herunterzuladen. Nun waren sie süchtig danach. Es waren TV-Serien mit jungen Darstellern, die sie dank russischem Voice-Over verstehen konnten. Die Serien waren eine Mischung aus Horrorfilm und Romanze, es ging um Angst, Sehnsucht, Liebe – wie im richtigen Leben. Vor dem Fernseher entspannten sich die Gesichter der Mädchen, der Krieg blieb draußen.

Gegen Abend füllte sich der Bunker. Menschen kamen herabgestiegen mit Plastiktaschen und Limonadeflaschen in der Hand. Gedämpfte Stimmen zogen wie Rauchschwaden durch die Kellerräume. Die Bewohner bereiteten sich auf die Nachtruhe vor. Ehepaare lagen nebeneinander auf dem Bett und schauten Nachrichten im Fernsehen. Auf einem Bett lag ein Paar im Halbdunkel, zwei Körper ineinander verkeilt. Wir wandten den Blick ab und gingen eilig vorbei, um nicht zu stören. Um zehn Uhr war Schlafenszeit für die Kinder, auch da gab es strenge Regeln. Ein Licht nach dem anderen ging aus, bis nur noch zwei fahle Funzeln im Korridor brannten. Ich ließ mich auf dem Bett nieder, das Julia und Sabina mir bereitet hatten. Das Eisengestell hing etwas durch, aber ansonsten lag ich weich und warm. Hier im Gewölbe war von den Kampfhandlungen nichts zu hören, der einzige Ort, an dem sich die Bewohner der Kosarew-Straße sicher fühlten. Hier fanden sie endlich Ruhe, während tagsüber die Lage an der Front diskutiert wurde. Auch der Wodka half. Eine Frau sagte: „Solange ich meine hundert Gramm trinke, brauche ich keine Tabletten."

Als ich aufwachte, war es im Keller genauso dunkel wie beim Einschlafen. Ich blickte auf die Uhr. Es war 7:30 Uhr. Ich rappelte mich auf und fand den Weg nach draußen. Dort war es taghell, die Vögel sangen und die Katzen lagen müßig im Hof. Julia und ihre Mutter Lena, eine Frau Mitte 30, saßen auf einer niedrigen Holzbank und blinzelten in die Sonne. In diesen Minuten in der Früh, wenn die anderen noch schliefen, waren Lena und Julia einfach eine Mutter und ihre Tochter, die sich über Dinge unterhielten, über die Mütter und Töchter eben reden: über das Mittagessen und wen sie am Nachmittag besuchen würden, über lästige Tanten und aufdringliche Burschen, übers Wäschewaschen und Duschen, und über Krieg und Angst, über das Heute und das Morgen.

Die Nacht war bis auf ein paar kleinere Gefechte, die man im Bunker nicht einmal gehört hatte, ruhig gewesen. Nach unruhigen Nächten war an einen normalen Tagesablauf nicht zu denken. Nach ruhigen Nächten wie der vergangenen begann der Tag, als wäre Frieden.

Im vergangenen Jahr hatten sich Julia und ihre Mutter nur vier Monate gesehen, da Julia einige Zeit bei Verwandten auf ukrainisch kontrolliertem Gebiet verbracht hatte. Sie hatte drei verschiedene Schulen besucht und nicht viel gelernt. Nun bestand sie darauf, im Herbst nicht mehr weggeschickt zu werden. In jenem bestimmten Tonfall eines Teenagers, der ahnen lässt, dass Diskutieren zwecklos ist, sagte Julia: „Ich bleibe hier, egal, was passiert."

Ich fragte Lena, wie sich Julia in diesem ersten Kriegsjahr verändert habe. „Sie ist so groß geworden, größer als ich", sagte sie und blickte nachdenklich auf ihre Tochter. „Und sie ist selbstständig geworden. Sie lässt sich nichts mehr sagen."

6   In Sicherheit, aber nicht in Frieden: Die Situation im Hinterland

Die Angst vor feuchten Kellern: Das verdrängte Trauma des Krieges

An einem warmen Sommertag hat die Psychologin Olja Pastuchowa im Schatten von Birken auf bunten Matten Papier und Stifte aufgelegt und die Kinder um Mithilfe gebeten: „Zeichnet euren größten Wunsch!" Nun sitzen sie da, der aufgeweckte Grischa, der stille Mischa, die zurückhaltende Schanna, die lebensfrohe Bogdana, alle unter zehn Jahre alt, und malen. Schanna zeichnet eine Hängematte. „So wie wir sie zu Hause hatten", sagt das schmale Mädchen im weißen Kleid und mit langen, geflochtenen Zöpfen. Nur Mischa denkt angestrengt nach. Der Körper des Buben mit dem brünetten Haar ist angespannt. Er beißt auf dem Buntstift herum, schaut ängstlich, nichts will von seinen Fingern aufs Papier kommen. Da platzt es aus seiner Mutter heraus: „Mischa, du willst doch nur eines, so wie wir alle. Endlich nach Hause!" Mischa blickt kurz auf und sagt nichts.

Olja Pastuchowa ist Psychologin im Verein „Promir" in Slowjansk. Sie und ihre Kollegin Tanja Aslanjan organisieren in der ostukrainischen Stadt psychologische Betreuung für Menschen, die ein Kriegstrauma erfahren haben. Viele davon sind Inlandsvertriebene, Menschen, die aufgrund des Krieges ihren Wohnort verloren haben. IDP, internally displaced people, nennt man sie im Jargon der Hilfsorganisationen. Allein in der rund 120.000 Einwohner zählenden Stadt Slowjansk sind 30.000 Binnenflüchtlinge registriert.

Pastuchowa, eine hochgewachsene, schlanke Frau mit der Ausstrahlung einer guten Fee, und die besonnene Tanja Aslanjan, die an der hiesigen Universität Angewandte Psychologie unterrichtet, leiten Gruppen für Kinder und Erwachsene. „Wir versuchen, mit ihnen gemeinsam Wege zu finden, mit der Kriegserfahrung umzugehen und Ressourcen zu finden, um in dieser Situation weiterzuleben." Viele reagierten am Anfang ablehnend, erzählt Aslanjan: „Die Menschen sind anfangs oft nicht bereit, über den Schrecken zu reden." Auch Eltern glaubten, dass ihre Kinder traumatisierende Erlebnisse längst vergessen hätten – und es besser sei, die Dinge „ruhen" zu lassen. „Aber so geht das nicht", sagt Aslanjan. „Die Psyche merkt sich, was passiert ist."

Die Kindergruppe im Park nahe dem Stadtzentrum nennt sich „Geheimer Klub". Diesen Namen haben ihr die Kinder gegeben. Und sie folgen Regeln, etwa, dass jeder jeden ausreden lässt. Eigentlich haben Erwachsene keinen Zutritt zum Klub. An diesem Tag hat Pastuchowa eine Ausnahme gemacht: Die Mütter und ich sind als Gäste zugelassen.

Es ist nicht weit bis zu Mischas Zuhause. Die Stadt Horliwka liegt knapp 90 Kilometer von Slowjansk entfernt, und doch in einer anderen Welt, auf der anderen Seite der Front. In Horliwka ist es seit Beginn des Krieges niemals richtig ruhig gewesen. Die Stadt steht unter der Kontrolle der Separatisten. Die Menschen in den Außenbezirken leiden unter Artillerie- und

Mörserangriffen. Immer wieder sterben Zivilisten. Mischa und seine Mutter lebten im Winter 2014 wochenlang im Keller des Wohnblocks, weil es in der Wohnung im ersten Stock zu gefährlich war. Es gab kein Gas, kein Wasser, keinen Strom. „Wenigstens war der Keller trocken. Gemeinsam mit den Nachbarn haben wir ihn adaptiert", erzählt die Frau mit dem halblangen, violett gefärbten Haar. Doch dann ging der Familie das Geld aus. „Wenn uns eine Nachbarin nicht unterstützt hätte, hätten wir nichts mehr zu essen gehabt." Sie schlürften rohe Eier bei Kerzenlicht, aßen ein bisschen Käse und Brot – das war alles. Ein „romantisches Leben" lebten sie, erklärte Mischa seiner Mutter damals. Die versucht heute noch zu verstehen, wie ihr Sohn das gemeint haben mag.

Die Familie wurde im Jänner 2015 aus Horliwka evakuiert, mit zwei Taschen in den Händen und 200 Hrywnja in der Tasche. Alles andere mussten sie zurücklassen. Mitgenommen haben sie auch ihre Erfahrungen: Die ständige Lebensgefahr, das Gefühl des Ausgeliefertseins und die Todesangst hinterlassen Spuren in der Psyche. Kinder reagieren auf traumatisierende Erfahrungen anders als Erwachsene. Sie ändern ihr Verhalten. Die Eltern sind oft ratlos, wenn ein aufgewecktes Kind plötzlich verstummt, oder ein ruhiges Kind aggressiv wird. Viele sind am Rande ihrer Kräfte und von der Situation überfordert.

„Wir sind oft die Einzigen, mit denen die Kinder offen reden können", sagt Psychologin Tanja Aslanjan. In den Gruppen verarbeiten die Kinder ihre Erfahrungen kreativ: in Bildern, mit Knetmasse, in Spielen.

Ich erkundige mich bei den Psychologinnen, wie sich das Kriegstrauma bemerkbar macht. Die beiden Frauen führen eine lange Liste von Symptomen an: Menschen erschrecken bei Geräuschen, die sie an den Beschuss erinnern – das können Türen sein, die ins Schloss fallen; Luftballons, die zerplatzen; Feuerwerke. Auch Uniformierte können Erinnerungen an Angsterlebnisse evozieren. Manche Kinder hören Stimmen, schlafen schlecht. Schon ein Geruch – etwa der eines feuchten Kellers – kann in Sekundenschnelle den Horror des Erlebten wiederkehren lassen. Die Mitarbeiterinnen von „Promir" haben festgestellt, dass Jugendliche auffällig oft Horrorfilme schauen, „denn da ist das Fürchten offiziell erlaubt", wie Aslanjan sagt. Kinder, die schon „sauber" waren, werden wieder zu Bettnässern. Die Psychologin erinnert sich an ein Mädchen, das minutenlang nicht aufhören konnte zu lachen, als sie erfuhr, dass viele Menschen sich in Todesangst einnässen. „Das war kein unbeschwertes Lachen", sagt Aslanjan. „Das war eine Stressreaktion." Es gibt Mütter und Kinder, die die existenzielle Bedrohung derart zusammengeschweißt hat, dass sie einander nicht mehr loslassen können.

Bei einer Therapie geht es darum, diese Ängste bewusst zu machen. Ein Trauma ist wie eine in Stücke gerissene Geschichte: Verstreute Fragmente des Erlebten im Gehirn können Betroffene plötzlich überwältigen. Im therapeutischen Gespräch werden die Fragmente vom Boden der Erinnerung aufgehoben und zusammengesetzt: „Allmählich begreifen die Menschen dann, was sie erlebt haben", sagt Tanja Aslanjan.

Bevor sie zur Gruppe kam, war Schanna mit den langen Zöpfen, die sich eine Hängematte wünscht, sehr ängstlich, immer an der Seite ihrer Mutter Marina Alexandrowna. Im Laufe der Treffen hat sie Vertrauen gefasst und spielt nun mit den anderen Kindern. Die Familie stammt ebenfalls aus Horliwka, in Slowjansk mietet Marina Alexandrowna eine Wohnung und wartet erst einmal ab. Viele Binnenflüchtlinge fallen in ein Zeitloch: Sie kommen nicht an im neuen Leben, weil sie hoffen, in das alte zurückkehren zu können. Doch das gibt es nicht mehr. Stress, Unruhe, Depressionen, Zukunftsängste sind die Folge. Alexandrowna geht in Slowjansk regelmäßig schwimmen. Das hat sie auch in Horliwka gemacht. Routinen sind lebenswichtig: Sie helfen dabei, Fuß zu fassen und Halt zu finden. Deshalb hat die 31-Jährige ihre Tochter Schanna auch zu der Gruppe angemeldet: „Sie soll lernen, in die Zukunft zu blicken."

Im Frühling des ersten Kriegsjahres 2014 geisterte Slowjansk durch die Medien, da sich prorussische Kämpfer wochenlang im Zentrum verbarrikadiert hielten. Nach den verbissenen Kämpfen und der Einnahme der Stadt durch die Armee Anfang Juli nahm das mediale Interesse wieder ab, allmählich verschwanden die in den Hotels der Stadt einquartierten Berichterstatter, zogen weiter zu neuen Brennpunkten. Das war der Zeitpunkt, als für Tanja Aslanjan die Arbeit begann. Viele Bewohner von Slowjansk und den umliegenden Orten hatten Bedarf an psychologischer Betreuung. Besonders betroffen war die Siedlung Semeniwka am Rand von Slowjansk. Dort hatten die Kämpfe zwischen prorussischen Milizen und der ukrainischen Armee tiefe Spuren hinterlassen: Wo einst Häuser waren, klaffen Lücken, Mauern sind durch Mörsergeschosse verunstaltet, Dächer abgetragen, Fenster vernagelt. Die Siedlung muss einmal schön gewesen sein: im Grünen am Rand der Stadt gelegen, Eigenheime, große Obstgärten. Doch für die Bewohner wurde das umkämpfte Semeniwka zum Gefängnis – bis die Separatisten Slowjansk Hals über Kopf verließen und die Stadt am 5. Juli schließlich in die Hände der ukrainischen Armee fiel.

Bald darauf gründete die Psychologin mit anderen unter der Bezeichnung „Promir" ein krisenpsychologisches Zentrum. Das Team bezog ein Zimmer im Erdgeschoß der Stadtverwaltung. Ein paar Stühle, ein Schreibtisch, Fachbücher, Malfarben und Papier – das war alles, was man hatte. Nur langsam kam die Suche nach Unterstützern in Schwung; von örtlichen Behörden erhält die NGO keine Mittel. In Slowjansk sei der Krieg doch vorbei, bekomme sie oft zu hören, erzählt Aslanjan. Doch die Beschäftigung mit dem Kriegstrauma habe gerade erst begonnen: „Uns geht die Arbeit nicht aus, glauben Sie mir!"

In der Kindergruppe „Geheimer Klub" hat sich Olja Pastuchowa eine besondere Abschlussübung ausgedacht. Sie lässt mit den Kindern einen Mini-Heißluftballon steigen – und natürlich gibt es bei dieser Aufgabe eine „geheime" Message. Die Kinder zeichnen die Umrisse ihrer Hände auf das Seidenpapier, mit ihren Wünschen im Kopf. Olja Pastuchowa erklärt: „Es geht darum, in dieser Welt Spuren zu hinterlassen." Dann entfalten sie den Ballon und zünden den Brennstoff an. Langsam steigt der Ballon auf und fliegt nach Süden weg. „In unsere Heimat", sagt Mischas Mutter und seufzt.

Vier von 1,4 Millionen. Warum die Familie der Militärmusikerin Lena[1] ihre Heimat verlassen musste

Es war ein warmer Spätnachmittag im Juli 2012, die Sonne tauchte den kahlen Hof der Donezker Kaserne im Bezirk Bosse in ein schmeichelndes Licht. Am Rand ein paar Bäume, dane-

---

[1] Alle Namen in diesem Bericht wurden zum Schutz der Betroffenen geändert.

ben Informationstafeln, auf einer war der damalige Präsident Viktor Janukowitsch zu erkennen. Etwa 100 junge Männer mit schwarzen Käppis und schwarzen Overalls der Polizeispezialeinheit „Tiger" saßen auf Stühlen in Sitzreihen auf dem Hof, gebeugt, die Hände auf die Oberschenkel gestützt, in Warteposition. Vor ihnen nahm eine Kapelle Aufstellung. Es war das Orchester der Innenministeriums-Truppen aus dem Gebiet Donezk, ausnahmsweise nicht in Paradeuniform, sondern in Zivilkleidung. Das Konzert war eine Geste an die Polizeikollegen aus dem zentralukrainischen Winnyzja, die während der Fußballeuropameisterschaft nach Donezk beordert worden waren. Auch in Donezk hatten mehrere Matches stattgefunden, und die „Tiger" hatten geholfen, die öffentliche Ordnung aufrechtzuerhalten.

Wenn man mit Donezker Bürgern spricht, dann schwärmen sie heute noch von den Wochen der Euro 2012. Die Stadt war voller internationaler Fußballfans, die die Bierfässer der städtischen Bars bis auf den letzten Tropfen leerten und sich gemeinsam mit den Einwohnern ausgelassen amüsierten. Für ein paar Wochen kam die Welt nach Donezk und konnte sehen, was für eine moderne Metropole die frühere Bergarbeiterstadt geworden war.

Für die „Tiger" spielte das Orchester, das an diesem Abend mehr einer Band glich, ihr Unterhaltungsrepertoire aus sowjetischen Schlagern. Der Sänger sang ein Lied der bekannten russischen Gruppe Maschina Wremeni, „Poworot". Im Lied geht es um neue, unerwartete Wendungen im Leben. „Du weißt nicht, was sein wird, solange du nicht um die Kurve fährst", sang Sergej, ein hochgewachsener Mann mit dunklem Haar und weißer Hose, ein geborener Entertainer.

„Die Worte von damals haben für uns heute eine neue Bedeutung", sagt Viktor und blickt nachdenklich auf den Bildschirm. Das Video im WMP-Format ist eine bitter-süße Erinnerung von Viktor und Lena an ihr früheres Leben in Donezk. Es trägt den Titel „Konzert für die Tiger".

Richtig mitreißen konnte die „Tiger" schließlich Sängerin Oxana. Sie trug hochhackige Pumps, ihre scheinbar endlosen Beine wurden von einem kurzen, ballonförmigen blauen Rock umschlossen. Sie hüpfte und klatschte und feuerte die Burschen an, bis diese vor Begeisterung die Welle machten, am Ende von ihren Sitzen aufstanden und, die Arme angewinkelt und mit ihren Stiefeln in kleinen Schritten auf den Boden stampfend, zu tanzen begannen. Lena spielte an diesem Abend nicht wie sonst das Saxophon, und Viktor nicht die Klarinette. Lena hielt die Kamera, die das Konzert aufmerksam aufnahm und ein, zwei Mal nach links schwenkte: Dort, hinter den Sitzreihen der Polizisten, stand Viktor, wie immer in Anzughose und dunklem Hemd, er hielt ihre gemeinsame Tochter Lilija im Arm. Lilija trug weiße Turnschuhe, ein hellblaues Kleidchen und hatte einen Schnuller im Mund: Sie war nicht ganz ein Jahr alt.

Das Konzert war ein ganz besonderes Ereignis für die Musiker, eine Performance, nicht so offiziös wie sonst, wenn sie Märsche spielten und in ihren Uniformen stramm dastehen mussten. Es war auch ein Nachmittag, der immer in ihrer Erinnerung bleiben wird, weil er so nicht mehr stattfinden könnte. Dass die „Tiger" aus Winnyzja jemals wieder ins von Separatisten kontrollierte Donezk kommen, ist aus heutiger Sicht undenkbar.

Das Innenministeriums-Orchester existiert nicht mehr. Viktor und Lena leben nicht länger in Donezk.

Lena und Viktor spielen mir das Video im Frühsommer 2015 in ihrer Wohnung in Lemberg vor. Die beiden leben mit ihren Kindern Lilija, die mittlerweile vier ist, und dem zehnjährigen Oleh in einer Einzimmerwohnung in einem Blockviertel aus sozialistischer Zeit. Die Küche ist so klein, dass die vier dort nicht gleichzeitig Platz haben. Die Familie schläft auf zwei Ausziehsofas im Wohnzimmer. Im braunen Wandverbau stecken alle ihre Besitztümer: Kleidung, das Spielzeug der Kinder und der Computer. Lena ist Mitte 30, schlank wie eine 20-Jährige und sieht stets ausgehfertig aus: über dem Auge der charakteristische Lidstrich, das brünette halblange Haar in Form geföhnt. Auf dem engen Raum gilt eine eingespielte, unausgesprochene Arbeitsteilung: Lena kocht – Teigtaschen mit Kartoffelfüllung, dazu Gurkensalat –, Viktor braut Kaffee. Lilija spielt am Sofa mit ihren Puppen, die meisten davon hat sie von freiwilligen Helfern geschenkt bekommen, nachdem die Familie in Lemberg angekommen war. Es ist ein herzliches Wiedersehen, zum ersten Mal, seit ich die beiden im unruhigen Frühjahr 2014 in Donezk kennengelernt habe. Mehr als ein Jahr haben wir per E-Mail Kontakt gehalten. Das Leben der Familie hat sich durch die Ereignisse grundlegend verändert. Lena und Viktor leben nicht länger im Wohnheim neben dem Kasernenhof. Sie sind mit ihren Kindern offiziell zu Inlandsflüchtlingen geworden: vier von 1,4 Millionen.

So viele Binnenflüchtlinge zählte die Ukraine bis Jahresende 2015. Die meisten Menschen aus dem Donbass flohen, weil Angehörige getötet wurden, ihre Häuser und Wohnungen beschädigt oder zerstört worden sind oder sie herannahende Kampfhandlungen fürchteten. Lena, ihr Mann und ihre beiden Kinder, Lenas Vater und ihre Mutter gehören zu jener Gruppe, die die Region verlassen musste, weil es für sie aus politischen Gründen zu unsicher geworden war. Sie fürchteten, von den prorussischen Kämpfern verhaftet und in Gefängniszellen gesteckt, im schlimmsten Fall als Geiseln genommen zu werden. Lena und Viktor waren Teil des Militärs. Und sie waren Patrioten. „Einen Amtseid legt man nur einmal ab", sagt Lena.

Ich hatte Lena bei einem versuchten – und abgebrochenen – Sturm auf die Kaserne durch prorussische Bewaffnete kennengelernt. An einem Maitag 2014 hieß es, Kämpfer des gefürchteten „Rechten Sektors" versteckten sich in der Basis im Bezirk Bosse. Doch das war nur der Vorwand, um eine Übernahme durchzuziehen. Lena war, als die Aktion vorüber und die Kämpfer wieder abgezogen waren, aus der Kaserne gekommen. Seit es so unruhig war, übernachtete sie nicht mehr im Wohnheim, sondern bei einer Bekannten. Ihre Kinder hatte sie längst zu den Eltern in die nahe Stadt Debalzewe gebracht. Die Fahne der „Donezker Volksrepublik" wehte bereits wie ein drohendes Vorzeichen dessen, was noch kommen würde, am Eingangstor der Kaserne.

Ein paar Tage später traf ich Lena und Viktor zum Kaffee in der Innenstadt. Das Paar begann erst zu sprechen, als die Kellnerin den Tisch verlassen hatte. Die beiden waren vorsichtig geworden. „Wir sind proukrainisch eingestellt", verriet Lena. Sie und Viktor waren Anhänger des Euromaidan, der proeuropäischen Bewegung in Kiew. Sie nannten den bisherigen Präsidenten eine „russische Marionette" und gaben ihm die Schuld an der zunehmenden Eskalation. Beide wünschten sich mehr Demokratie und weniger Korruption, eine europäische Zukunft für ihr Land. Eine Freundin hatte Lena unlängst als „Faschistin" bezeichnet. Warum sie den Militäreinsatz der ukrainischen Armee verteidige? Und wie sie nur selbst Teil dieser Armee sein könne? Während die beiden leise sprachen, hallten vom nahen Vorplatz der besetzten Gebietsverwaltung antiukrainische Brandreden herüber. Die beiden bekamen es immer mehr mit der Angst zu tun. Tag um Tag spürten sie, wie sich die Lage zuspitzte. Ihre Zukunft in Donezk, das spürten sie, war ungewiss.

Auch in der Kollegenschaft veränderte sich die Atmosphäre. Das Paar war mit seiner offen proukrainischen Einstellung selbst im Militärorchester in der Minderheit. Sergej, der charismatische Sänger, hatte sich für den prorussischen Aktivisten Pawel Gubarew begeistert. Gubarew war von seinen Anhängern zum „Volksgouverneur" ernannt worden. Sergej fand ihn beeindruckend, die Ukraine könne man vergessen, erklärte er. Andere Kollegen feindeten Lena und Viktor als *banderowzi* an, Anhänger des ukrainischen Nationalisten Stepan Bandera – ein beliebter Vorwurf jener Tage, der Extremismus und Nähe zum Faschismus unterstellte. Viktor hatte sich mit einem Kollegen geprügelt. Lena ging in Deckung. Sie wollte keinen Streit. Doch es blieb nicht bei verbalen Angriffen.

Der 9. Mai 2014 ist ein nebelverhangener Freitag. Doch wie jedes Jahr an diesem Feiertag zieht Lena ihre dunkelblaue Paradeuniform an und rückt die an der rechten Schulter angebrachten goldenen Kordeln in Form. Sie setzt den steifen, runden Hut auf, der sie wie eine britische Polizistin aussehen lässt, und zieht ihre schwarzen klassischen Stöckelschuhe an. Doch dieses Jahr fährt sie mit Bauchweh zum Festtagskonzert am Denkmal zu Ehren des Vaterländischen Krieges. Es ist der Tag des Sieges über den Faschismus, ein Feiertag, an dem das Orchester wie jedes Jahr vor den Veteranen, der Stadtregierung und tausenden Zuschauern auftreten wird. Doch Lena befürchtet einen Zwischenfall. Prorussische Aktivisten wollen den Siegestag für ihre Zwecke nutzen. Der Auftritt eines ukrainischen Militärorchesters könnte für sie eine Provokation sein. Vor dem wuchtigen Sowjet-Denkmal für die „Befreier des Donbass" appelliert der Donezker Bürgermeister Alexander Lukjantschenko, ein „Regionaler", der seinen Posten lange behauptete, an die etwa 1000 Umstehenden. „Lassen wir kein neues Blutvergießen zu!", ruft er ins Mikrofon. Eine Schweigeminute für die im Krieg getöteten Soldaten folgt. Die Gäste erheben sich, auch die betagten Veteranen. Es sind Männer, deren ausgeleierte Anzugjacken schwer wiegen von den vielen Orden. Ältere Damen in ihren schönsten Kleidern, mit frisch gefärbtem Haar und rotem Lippenstift. Sie halten Nelken und Tulpen, die ihnen die Jungen in die Hand gedrückt haben. Das Gedenken an den Großen Vaterländischen Krieg wird über die Generationen hinweg hochgehalten. „Ich glaube an die Klugheit und Kraft des ukrainischen Volkes", sagt Lukjantschenko.

Lenas Orchester nimmt vor dem Denkmal Aufstellung: zwölf Musiker, vor ihnen der Dirigent. Als das Orchester die ukrainische Hymne spielt, nähern sich zwei Männer in Camouflage den Musikern und rempeln den Dirigenten an. „Spielt gefälligst die russische Hymne!", herrscht einer die Musiker an. Diese weichen zurück, ein paar brechen verängstigt das Stück ab, andere spielen weiter. Der Dirigent kann sich aus dem Handgemenge winden. Dutzende Polizisten stehen daneben, keiner greift ein. Lena und die anderen Musiker flüchten in den Autobus. Hastig ziehen sie ihre Uniformjacken aus, nehmen ihre Hüte ab. Der Bus braust los. „Wir saßen im Autobus und hatten solche Angst", erinnert sie sich heute. „Alle schwiegen, uns fehlten die

Worte." Nach dem Übergriff erklommen vier weitere Uniformierte die Tribüne, ebenfalls Anhänger der „Volksrepublik Donezk". „Nächstes Jahr wird hier unsere Hymne gespielt werden", schrie einer. Im Publikum erklangen „Donbass, Donbass"-Rufe. Wieder schauten die Sicherheitskräfte weg. Es war nicht die letzte Machtdemonstration der Separatisten an diesem Tag. Wenig später paradierten etwa hundert Männer mit Sturmgewehren über den zentralen Lenin-Platz. Die Männer trugen Armbinden und Abzeichen des Bataillons „Wostok" und der „Patriotischen Kräfte des Donbass", beides Verbände unter dem Kommando von Alexander Chodakowskij, des bereits erwähnten früheren Chefs der Spezialeinheit „Alpha" in Donezk. Seit diesem Tag gehören die Straßen von Donezk den Separatisten.

Die Ereignisse an diesem Freitag sind charakteristisch für das Kräfteverhältnis zwischen Staatsorganen und Separatisten im Donbass in der Frühphase. Es ist unklar, wem der Staat, und damit das Gewaltmonopol, gehört. „Alles unter Kontrolle", ist ein Standardsatz dieser Tage. Doch das Gegenteil ist wahr. Je länger die Sicherheitsbeamten so tun, als sei nichts, desto handlungsunfähiger werden sie. Manche Beamte laufen einfach über. Die prorussischen Aktivisten sammeln Tag für Tag mehr Macht. Sie sind organisiert, entschlossen und skrupellos. Sie bringen lokale Verwaltungen und Polizeibehörden – häufig mit deren stillem Einverständnis – unter ihre Kontrolle. Stellt sich jemand quer, wird er verprügelt oder verschleppt. Der 9. Mai 2014 war vermutlich das letzte Mal, dass die ukrainische Nationalhymne in Donezk erklang. „Noch sind der Ukraine Ruhm und Freiheit nicht gestorben, noch lächelt uns, junge Ukrainer, das Schicksal", heißt es in dem Lied hoffnungsfroh. „Verschwinden werden unsere Feinde wie Tau in der Sonne, und auch wir, Brüder, werden Herren im eigenen Land sein." In diesen Tagen passiert genau das Gegenteil.

Wenn sich Lena heute an den Frühling 2014 erinnert, dann hat sie noch immer viele Fragen. Fragen, auf die niemand eine Antwort hat. Die Beamten des Innenministeriums waren damals sich selbst überlassen. Es gab keine Befehle, niemand wusste, was zu tun sei. Die Lage war chaotisch. Lena versuchte bei Vorgesetzten zu erfahren, was sie tun solle. Sollten sie und Viktor in Donezk bleiben? Was, wenn die prorussischen Kämpfer wiederkämen? Was, wenn sie gefangen genommen würden? Die Besetzung und Übernahme von ukrainischen Kasernen auf der Krim durch russische Einheiten war erst ein paar Wochen her. Lena und Viktor fürchteten, dass es im Donbass zu einem Blutvergießen kommen würde. Lena verschaffte sich telefonischen Kontakt zu einem Berater von Innenminister Arsen Awakow in Kiew. Sei es sicher zu bleiben? Solle sie die Stelle aufgeben? Auch er konnte ihr darauf keine Antwort geben. Nur so viel: „Wenn Sie abreisen, wird das Ihr Leben grundsätzlich verändern. Entscheiden müssen Sie selbst." Wie so viele andere Beamte wurde sie in jenen Tagen alleingelassen.

Mai und Juni vergingen im Schwebezustand, zwischen Resignation, Angst und Hoffnung. Ende Mai besetzten die Separatisten den Flughafen. Kurz darauf nahmen die ukrainischen Truppen diesen ein. Doch die Ukrainer blieben am Flughafen, wagten den Vorstoß in die Stadt nicht, wo noch immer hunderte Militärs in Kasernen ausharrten. „Mir kam es so vor, als hätte man den Donbass aufgegeben", sagt Lena. Erst Ende Juni erhielten die Musiker Anweisungen. Die Mitglieder der Kapelle sollten sich krankschreiben lassen, hieß es, und einzeln und möglichst unauffällig das unkontrollierte Gebiet verlassen. Lena kaufte für sich und die Kinder ein Zugticket. Am Abend des 29. Juni fiel die Kaserne – wie andere auch – endgültig in die Hände des Bataillons „Wostok". Die übrig gebliebenen Soldaten zogen kampflos ab.

Am 2. Juli kam Lena mit den beiden Kindern in Kiew an, Viktor war zu diesem Zeitpunkt schon in Mariupol, wo sich das Orchester sammeln sollte. Mitgenommen hat die Familie nur, was sie mit Händen tragen konnte: Kleidung und ein paar Spielsachen. Seine Besitztümer musste das Paar im Wohnheim lassen: die moderne Küche, die Duschkabine, die Küchengeräte, die Mikrowelle, ja sogar Lenas Saxophon ist in Donezk geblieben. Doch nicht genug der schlechten Nachrichten: Viktor wurde eingezogen. Er musste an die Front, Dienst am Checkpoint. „Ich habe Kämpfer ins Kriegsgebiet fahren sehen, und Särge rauskommen." Ein Foto zeigt ihn mit Armeejacke und Haube. Der sonst so fröhliche Mann schaut finster. Um seine Schulter hängt eine Panzerfaust. Eine „grimmige" Zeit war das, erinnert sich Viktor. Erst im Oktober kam auch er nach Lemberg, wo Lena mittlerweile mit den Kindern lebte. Sie hat alles allein organisiert: eine Wohnung und das Mobiliar, einen Schul- und einen Kindergartenplatz, außerdem die Registrierung als Umsiedlerfamilie, ein Status, der befristete staatliche finanzielle Unterstützung von etwa 80 Euro monatlich garantiert – nicht viel, aber für das magere Familieneinkommen dennoch unerlässlich.

In Lemberg haben Lena und Viktor beim hiesigen Orchester eine Anstellung gefunden. Doch es ist nicht mehr so wie früher. Statt in Parks und auf Wettbewerben spielen sie heute vor allem auf Begräbnissen: für die Toten von der Front. Ihre ehemaligen Kollegen sind über das Land verstreut: ein paar in Charkiw, in Mariupol und in Pawlohrad. Ein paar sind in Donezk geblieben. Sänger Sergej, der von „Volksgouverneur" Gubarew begeistert war, hat im DNR-Militär einen Job gefunden. „Ach, Serjoscha", seufzt Viktor. „Dieser Deserteur."

Im Gebiet Lemberg waren bis zum Herbst 2015 knapp 10.000 Inlandsflüchtlinge registriert. Nicht annähernd so viele wie in der Hauptstadt Kiew, die als politisches und wirtschaftliches Zentrum zu einem Anziehungspunkt für viele jüngere und mobilere Vertriebene geworden ist: Mehr als 105.000 zählte das UN-Flüchtlingshilfswerk dort. Der Großteil der Menschen ist allerdings in den östlichen Regionen geblieben – und damit nahe am Kriegsgebiet selbst. Im Gebiet Donezk sind laut UNO mehr als 500.000 Menschen als IDP gemeldet, in Luhansk 210.000. Die Menschen, die im Osten des Landes bleiben, sind besonders verletzlich: Sie sind tendenziell ärmer und älter. Laut den Vereinten Nationen sind etwa drei Viertel der IDP in Luhansk und Donezk Pensionisten. Sie hoffen auf ein rasches Ende des Konflikts, um bald wieder in ihre Heimatorte zurückkehren zu können. Die ukrainischen Inlandsvertriebenen sind größtenteils auf sich gestellt bzw. von der Hilfe durch Familienangehörige und Freunde abhängig. Daten des Flüchtlingshilfswerks der Vereinten Nationen zufolge kommen 80 Prozent privat unter, oft heißt das: bei Verwandten und Freunden. Eine Mietwohnung können sich viele nicht leisten. Nur 20 Prozent leben demnach in adaptierten Massenquartieren, in Sanatorien oder Wohnheimen. Im beschaulichen Städtchen Swjatohirsk nördlich von Slowjansk sind Flüchtlinge in einem orthodoxen Kloster untergekommen. Als die Flüchtlingskrise besonders virulent war, hausten Menschen in Slowjansk sogar in abgestellten Eisenbahnwaggons.

Spricht man mit Experten, dann kann man von den feinen Unterschieden zwischen den Flüchtlingsgruppen erfahren. Seit Beginn des Konflikts gab es zwei große Wellen: 20.000 Menschen trafen von der Krim ein: Tataren und Ukrainer, die die russische Besatzung fürchteten. Ihr Schicksal unterschied sich von den meisten der zahlenmäßig viel größeren Gruppe der Donbass-Flüchtlinge, die sich ab dem Frühsommer 2014 in Bewegung setzte. „Die Krim-Flüchtlinge sind richtige Patrioten", erklärt Valentina Bukowska. „Sie kamen, weil sie weiterhin in der Ukraine leben wollten." Bukowska ist Psychologin und Projektkoordinatorin im „Zentrum für Umsiedler" in Kiew. Anders war die Lage mit Inlandsvertriebenen aus der Ostukraine, sagt Bukowska: „Aus dem Donbass waren viele dabei, bei denen wir nicht wussten, was sie von der politischen Lage halten. Manche haben auch offen gesagt: Wir warten hier mal ab, solange bis Russland kommt." Die Psychologin, deren Vereinigung aus dem psychologischen Krisenservice während der Maidan-Proteste hervorgegangen ist, spricht auch von einem „inneren Konflikt" für das Beratungspersonal. „Aber wir müssen beweisen, dass wir neutral sind und keiner Konfliktseite angehören."

Aufgrund der teils prorussischen Einstellung der IDP birgt das Thema der Binnenflüchtlinge mehr als ausreichend Stoff für Konflikte innerhalb der Ukraine, die umso gravierender werden, je westlicher – und damit „ukrainischer" – die Orte sind, in denen sie eintreffen. Auch in der neuen Heimat von Lena und Viktor, in Lemberg, kursieren zahlreiche Gerüchte über die Inlandsvertriebenen aus dem Donbass: Sie lebten zu gut von der staatlichen Unterstützung, einige hätten sich teure Wohnungen gekauft, die Flüchtlinge seien Alkoholiker und

Separatisten, heißt es. Vielleicht macht Lena deshalb einen großen Bogen um andere IDP. Wenn sie Menschen in den Lemberger Straßen Russisch sprechen hört, empfindet sie das sogar als störend. „Das bedeutet, es sind Vertriebene, Leute aus dem Donbass, man weiß nie, wer sie sind", sagt Lena, die ja selbst russischsprachig ist. „Womöglich sind es Separatisten", fügt die Musikerin hinzu. Sie, die Patriotin aus dem Donbass, möchte nicht zu dieser Gruppe gezählt werden. Lena erzählt eine Anekdote. Bei einer Orchesterprobe habe der Dirigent einmal abwertend von den „Moskali", den Moskautreuen, gesprochen, und sich dann auf die Lippen gebissen. „Das war nicht gegen euch gerichtet", habe er dann entschuldigend gesagt. – „Ich fühlte mich gar nicht angesprochen", habe Lena geantwortet. „Ich bin aus dem Donbass, aber ich habe mit diesen Leuten nichts zu tun." In Gesprächen stellt sie meist gleich zu Beginn klar, warum sie aus dem Osten geflohen ist.

Lena und Viktor, die Anhänger des Euromaidan aus dem Donbass, haben in Lemberg eine neue Heimat gefunden. Einen nostalgischen Blick zurück erlauben sie sich nicht. Eine Rückkehr in den Osten ist ausgeschlossen. So, wie das Paar einst seinen Amtseid ablegte, hat es sich jetzt für die Ukraine entschieden. Mit Russlandfreunden könnten sie nicht mehr zusammenleben, sagen Lena und Viktor. Bei Spaziergängen durch die mit Touristen überfüllte Altstadt von Lemberg besuchen die vier hin und wieder die Kellerkneipe „Kriiwka", die als Partisanenversteck von Bandera-Kämpfern ausstaffiert ist; die Kinder sind begeistert davon, wenn sie am Eingang das Codewort – *herojam slawa*, „Ruhm den Helden" – sagen müssen, um vorgelassen zu werden. In ihrer Heimatstadt Donezk würde das Aussprechen der historischen Losung der Bandera-

Kämpfer reichen, um als proukrainischer Provokateur verhaftet zu werden. Wenn es das Familienbudget zulässt, kehrt das Paar in ein traditionelles Kaffeehaus ein. Dann bestellt Lena Cappuccino und Kuchen, und wenn die Kellnerin das Gewünschte bringt, sagt sie laut auf Ukrainisch *djakuju* statt des russischen *spasibo*.

Wie Ruslan weiterlebt.
Die Verletzungen der Frontheimkehrer

Narben übersäen Ruslan Filipsonows Körper, Spuren eines ungleichen Kampfes, die sich unauslöschlich in seine Haut gebrannt haben. Auch seinen rechten Fuß hat ein Splitter durchbohrt, davon zeugen Male am Rist und an der Sohle. „Füße wie Jesus Christus", sagt Ruslan routiniert, es ist nicht das erste Mal, dass er sie einem Besucher zeigt. Ruslan – Mitte 20, glattes, brünettes Haar, prüfende Augen – sitzt auf seinem Krankenhausbett. Sein Körperbau ist kräftig, seine Schultern breit, Ruslan war ein gut trainierter Soldat. Heute kann er nur mit Mühe gehen. Seit Monaten liegt Ruslan in einem Vierbettzimmer auf der Reha-Station des Lemberger Militärspitals. An der Wand kleben kleine Ikonenbilder, die ihm Besucher mitgebracht haben, auf dem Tischchen neben dem Bett steht ein Krug mit der Aufschrift „Ruhm den Helden" in ukrainischen Nationalfarben. Ruslan hat Wunden, die noch nicht verheilt sind. Doch diese zeigt der junge Mann dem Besucher nicht. Sie liegen verborgen unter der Binde um seinen Bauch.

Ruslan Filipsonow ist einer von 6500 ukrainischen Soldaten, die im ersten Kriegsjahr verwundet wurden. Sechs Mobilisierungswellen gab es bisher, allein im Jahr 2015 kamen 60.000 neue Soldaten an die Front. Mehr als 82.000 Männer haben nach ihrer Abrüstung den offiziellen Status eines Kombattanten – „Teilnehmer der ATO" – erhalten, der ihnen im zivilen Leben einige Vergünstigungen garantiert.

Ruslan stammt aus einem kleinen Dorf in der Nähe der westukrainischen Stadt Lemberg. Vor dem Krieg war er nie im Donbass gewesen. Er hatte eine Armeekarriere eingeschlagen, weil ihn Uniformen beeindruckten. Ruslan hatte das Polytechnische Institut abgeschlossen, Mathematik und Physik fielen ihm leicht. An der Offiziersschule wählte er die Laufbahn eines Artilleristen. „Bei der Artillerie geht es hauptsächlich um Mathematik und Physik. Um sein Ziel zu erreichen, muss man exakt sein. Für mich war das einfach", erklärt er.

Doch der Krieg, an dem Ruslan teilnahm, verlief nicht exakt, er verlief chaotisch. Die Bilder aus den ersten Tagen der ATO, als prorussische Demonstranten im Donbass Schützenpanzer aufhielten und ukrainische Soldaten überliefen, haben sich ihm ins Gedächtnis gebrannt. Die Armee war heruntergewirtschaftet, korrupt, nicht kampffähig. An der Dominanz der prorussischen Verbände konnten zunächst auch die neu gegründete Nationalgarde und der Enthusiasmus der Freiwilligenbataillone wenig ändern. Die Koordination und Kommunikation zwischen den Truppenteilen verlief chaotisch, die Militärspitze wurde mehrfach ausgewechselt, Nachschub stockte, Soldaten wurden aufgerieben, manche sagen: ausgeliefert. Im Kriegsjahr 2014 erlitt die Ukraine viele Niederlagen im Feld – und nicht immer erfuhr die Öffentlichkeit die ganze Wahrheit. „Wenn die Nachrichten behaupten, es gebe ein, zwei Verletzte, dann weiß ich, es gibt mehr", sagt Ruslan Filipsonow auf seinem Krankenbett. „Würden die Medien berichten, was dort wirklich passiert, bekämen die Menschen hier einen Schock."

Nicht nur einen Schock, sondern ein Trauma bringen viele Kämpfer nach Hause mit, wenn sie abrüsten. Laut Umfragen des Zentrums für Traumatherapie „Powernennja" („Rückkehr") haben fast alle Soldaten, die an vorderster Front eingesetzt waren, mit posttraumatischen Belastungsstörungen zu kämpfen. Während die Wunden des Körpers in Spitälern behandelt werden und allmählich landesweit Reha-Programme entstehen, steckt die Therapie von psychischen Kriegswunden noch in den Kinderschuhen. Bis vor Kurzem gab es im Land kaum Spezialpersonal, das mit dem Umgang mit Kriegstraumata geschult war. Wozu auch? Die Ukraine war ein friedliches Land.

So improvisiert wie der Krieg war auch der Umgang mit den Folgen. Nicht der behäbige und finanzschwache Staat wurde als erster tätig, sondern Freiwillige, sogenannte *volontjori*. Der Konflikt im Osten des Landes hat die ukrainische Zivilgesellschaft wachgerüttelt: Der schlecht ausgestatteten Armee kaufen Aktivisten schusssichere Westen, Nachtsicht- und GPS-Geräte. Europäische Diasporagemeinden schicken Pakete mit Duschgel, Rasierschaum und Feuchttüchern, die von Freiwilligen in klapprigen Autos bis an die Schützengräben geliefert werden. Andere Aktivisten organisieren im Internet Crowdfunding-Kampagnen für Verwundete wie Ruslan, die sich kostspielige Operationen nicht leisten könnten. Einige evakuieren Zivilisten aus dem Kampfgebiet. Und Menschen wie Ekaterina Pronosa von „Powernennja" konzentrieren sich auf die psychologische Hilfe für Frontheimkehrer. „Wir lernen, während wir arbeiten. Ständig müssen wir uns an neue Bedingungen anpassen", sagt Pronosa.

Das Zentrum für Traumatherapie „Powernennja" liegt im Kiewer Stadtteil Podil an einer Ausfallstraße. Es ist eine Einrichtung des „Ukrainischen Verbands zur Überwindung psychotraumatischer Folgen", eines landesweiten Psychologennetzwerks. Der Eingang liegt im Innenhof; ein Zimmer, ein paar Stühle, Neonlicht, definitiv keine Wohlfühlatmosphäre. Aber seinen Zweck erfüllt es: Hier finden Beratungen und Therapiesitzungen statt. Pronosa und ihre Kollegen haben in den vergangenen Monaten eine Vielzahl an Trainings bei georgischen, israelischen und österreichischen Experten besucht. Sie haben, angelehnt an internationale Erfahrungen, eine eigene Behandlungsmethode erarbeitet. Etwa 70 Prozent der Rückkehrer schaffen es, mit dem Erlebten alleine umzugehen, erzählt die Psychologin. „Die, die sich bei uns melden, gehören zu jenen 30 Prozent, die nicht mehr selbstständig aus den Traumaerfahrungen ins Leben zurückfinden." Psychologische Hilfe ist in der Ukraine noch nicht sehr verbreitet und gerade für Männer ein Tabu. Viele, die sich im Traumazentrum melden, wissen einfach nicht mehr weiter. „Sie haben alles Mögliche versucht, etwa Tabletten genommen", sagt Pronosas Kollege Oleg Nowak. Mit seinen Klienten schließt er einen Vertrag über die Therapie, der die gegenseitige Verpflichtung symbolisch verdeutlichen soll. Für jahrelange Therapien fehlen die Mittel. In den zwölf Sitzungen sollen die Symptome gelindert werden. Dafür arbeiten die *volontjori* unbezahlt und für ihre Klienten kostenlos.

Oleksij, 57, seinen Nachnamen will er nicht nennen, ist hier in laufender Behandlung. Nach außen hin sieht der Mann in Jeans und gestreiftem Hemd wie jemand aus, der bald den Ruhestand antreten wird, nichts Außergewöhnliches. Doch Oleksij leidet an einer posttraumatischen Belastungsstörung.

Bis er im Februar 2015 verwundet wurde, hat er in einem Freiwilligenbataillon im Osten gekämpft. Zurück in Kiew merkte er, dass er nicht mehr funktionierte wie zuvor. Wie viele Rückkehrer hat er Schlafstörungen. „Wenn man wochenlang ohne Schlaf ist, verliert man die Arbeitsfähigkeit", sagt er. Seine Hände zittern, er verspätet sich, fühlt sich schwach. Schlaflosigkeit gehört wie Panik bei lauten, plötzlichen Geräuschen und leichter Reizbarkeit zu den klassischen Symptomen, erklärt Nowak. „Der Körper ist angespannt, steht unter Strom. Denn die Psyche hält ihn noch immer bereit für den Krieg." Der Psychologe und Oleksij entwickeln in den Sitzungen gemeinsame Strategien: Wie Oleksij mittels Atemübungen Entspannung findet, oder in schlaflosen Nächten eher Kräutertee als ein Bier trinkt. Es geht darum, wieder ins Gleichgewicht zu kommen. Oleksij sagt, seine Erfahrung als Soldat in Afghanistan helfe ihm dabei, das zweite Kriegstrauma seines Lebens zu verarbeiten. Viele Rückkehrer geraten zudem in Konflikt mit ihrer Familie, die glaubt, es würde alles wieder wie zuvor. Doch das ist nicht möglich. Vielen Männern fehlt das Adrenalin, das sie an der Front immerzu spürten. Oleksij beschreibt es so: „Die Gedanken sind nicht hier, sie sind weit weg – an der Front." Das zivile Leben dagegen ist langweilig und ereignislos.

Ruslan Filipsonow im Lemberger Militärspital kennt diese Gedanken. Einerseits ist der Krieg für ihn „die Hölle". Gleichzeitig träumt er auf seinem Krankenbett in Lemberg davon, wieder an die Front zu gehen: „Ich will die Separatisten in die Hölle schicken." Im Sommer 2014 wäre beinahe das Gegenteil passiert.

Anfang August 2014 erreichte Ruslans Trupp die Ortschaft Georgiewka südlich von Luhansk. Er war 24 Jahre alt, Offizier und den dritten Monat an der Front. Als Kommandant eines Artilleriezugs mit einer 120-Kaliber-Kanone hatte er sechs Männer unter seiner Führung. Sie bauten einen Checkpoint auf, gruben Schützengräben. Die Tage in Georgiewka waren nervenaufreibend und anstrengend, die Männer kamen kaum zum Verschnaufen. Sie mussten stets mit Beschuss rechnen. Wenn Zeit blieb, aßen sie zusammen und erzählten einander Geschichten. Für Ruslan sind seine Kameraden „Kampfbrüder", er vertraut ihnen vollkommen. Er habe sich schnell an den Krieg gewöhnt, sagt Ruslan, die nahe Front gab ihnen keine Zeit für ein langsames Vertrautwerden. Es gibt eine simple Gleichung, die alle Soldaten kennen: „Wenn du nicht schießt, wirst du erschossen." Krieg ist Selbsterhaltung. Überleben. Weiterkommen.

Etwa zur selben Zeit verlor die Armee den Kampf um das südliche Grenzterritorium – bekannt als „südlicher Kessel": Kein großes Gebiet, doch eine folgenschwere Niederlage, schließlich kontrollierten die prorussischen Milizen von da an weite Strecken der gemeinsamen Grenze mit Russland. Ihr Nachschub war gesichert. Die Armee aber führte vorerst ihre Offensive weiter. Noch Mitte August war man siegessicher. „Die kommenden zwei Wochen werden entscheidend für den Weg aus dem Krieg und hin zum Frieden", sagte der damalige Vizechef der Präsidialadministration, Walerij Tschalij. Zu jener Zeit hatte die Armee Luhansk umzingelt. Bewohnern der Stadt sind die Monate Juli und August als eine Periode des Schreckens in Erinnerung. Die Wasserversorgung war zusammengebrochen. Während die Stadt bombardiert wurde, mussten Menschen in langen Schlangen an öffentlichen Wasserstellen anstehen. Andere holten mit Kübeln Wasser aus dem Fluss. Der Beschuss forderte jeden Tag

Verletzte und Tote. Wer konnte, floh aus der Stadt. Von den 420.000 Bewohnern war nur mehr die Hälfte übrig.

Würde es Ruslans Einheit gemeinsam mit den anderen gelingen, die belagerte Stadt einzunehmen? Würde er mit seinen eigenen Füßen das Zentrum von Luhansk betreten? Die Männer stöhnten unter der Hitze. Die ukrainische Armee kam voran, aber nur langsam. Die Stimmung unter den Separatisten war schlecht, es herrsche Panik, hieß es, Kämpfer desertierten. Am 16. August wurde in einem südlichen Vorort auf eine Polizeistation die ukrainische Flagge gehisst. Am 19. August meldete die Armee Kämpfe im Zentrum von Luhansk. Große Teile der Stadt stünden bereits unter ukrainischer Kontrolle. Doch Ruslan und seine Männer sollten das Zentrum von Luhansk nie erreichen. Kurz zuvor hatte der damalige Donezker „Premier" Alexander Sachartschenko angekündigt, dass die Separatisten 150 gepanzerte Fahrzeuge, darunter 30 Panzer, und 1200 Kämpfer, die vier Monate Training in Russland hinter sich hätten, erhalten würden.

Der Tag, der Ruslans Leben veränderte, war der 20. August. Der Mittwoch begann mit schwerem Feuer. Eine Offensive des Gegners: Kampfpanzer rückten auf den Checkpoint vor. „Wir haben geschossen, aber wir konnten nichts ausrichten", erinnert sich Ruslan, überzeugt, dass es sich um Panzer aus Russland handelte. „Wir mussten zurückweichen." Ruslan musste in Sekundenschnelle handeln. Mehrere Männer lagen verletzt im Schützengraben. Er schleppte sie heraus, einen nach dem anderen. Ruslan rettete seine sechs Kameraden. Dann wieder Beschuss. Diesmal traf es ihn. Geschosssplitter bohrten sich durch Ruslans Körper, sie zertrümmerten seine inneren Organe. Ruslan kann sich erinnern, dass er in einem Auto weggebracht wurde und in ein Feldspital kam. Er verlor viel Blut. Erst drei Tage später konnte er nach Charkiw in ein richtiges Krankenhaus abtransportiert werden, später wurde er nach Kiew überstellt. Ruslan war erleichtert, als er erfuhr, dass alle seine Kampfbrüder am Leben waren. Er selbst überlebte nur knapp.

Fünf Tage später eröffneten prorussische Kämpfer, unterstützt von regulären Truppen aus Russland, eine neue Front im Süden am Asowschen Meer. Ende August zogen sich die ukrainischen Truppen weiter aus Luhansk zurück. Anfang September fiel die Stadt Ilowajsk, auch hier hatten die Ukrainer zahlreiche Tote zu beklagen. Zwei Wochen reichten aus, um die Karten neu zu mischen. Es sollte keinen ukrainischen Militärsieg im Donbass geben. Der Weg vom Krieg zum Frieden, wie das Präsidialamt ihn anvisiert hatte, war versperrt.

Ruslan bekam von den dramatischen Veränderungen an der Front nichts mit. Er lag wochenlang im Wachkoma, an Geräte und Schläuche gefesselt, an der Schwelle zwischen Leben und Tod. Die Geschosssplitter waren am Rücken eingetreten und hatten sich durch die inneren Organe vorgearbeitet. Von Ruslans Darm waren nur noch Reste übrig, seine Harnblase war zerfetzt. Nicht weniger als 40 Operationen hat er hinter sich, drei davon fanden in Österreich statt. Noch immer stecken Splitter unter seiner Haut.

Seit dem Frühling 2015 macht er Fortschritte. Er hat wieder begonnen zu gehen. In seinen schwarzen Plastikpantoffeln setzt er kleine, bedächtige Schritte auf den Krankenhausflur. Im Reha-Zimmer übt Ruslan mit seinem Trainer Walerij Eduardowitsch: am Hometrainer, an den Geräten für den Muskelaufbau und am Massagetisch. Sein Trainer mahnt ihn, sich viel zu bewegen, auch wenn die Füße noch schmerzen.

In Kiew arbeitet Ekaterina Pronosa auch mit Verwundeten –
eine „Arbeit mit dem Schmerz", wie sie sagt. Viele ihrer Patien-
ten haben Arme oder Beine verloren. „Man muss sich von dem
verlorenen Körperteil verabschieden. Akzeptieren, dass man
ihn verloren hat. Das dauert." Verabschieden muss man sich
auch von Vorstellungen, die man von seinem Leben hatte – und
einen neuen Sinn finden. Doch nicht nur das Weiterleben kann
schwierig sein, auch die Akzeptanz durch die Gesellschaft fehlt.
Die Rückkehrer wollen kein Mitleid, sagt Pronosa, sie wollen
Achtung.

Ruslan Filipsonow ist stolz auf seine Kriegsteilnahme, auch
wenn sie nur kurz war und sein Leben grundlegend verändert
hat. Wenn *volontjori* ihn besuchen – Süßigkeiten und Obst im
Gepäck –, dann hellt sich sein Gesicht auf. Im Juni 2015 wurde ihm der Bogdan-Chmelnizkij-Orden dritter Stufe verliehen.
Für einige Momente war er wieder ein „Held der ATO". Doch
für den Alltag müssen andere Gedanken her. Sein Glaube, dass
auch er einmal eine Familie gründen werde, helfe ihm über die
schwere Verwundung hinweg, sagt Ruslan. Und noch ein Re-
zept hat er: „Ich trage immer ein Lächeln auf den Lippen."

7 Die Ukraine und Russland im Informationskrieg

Die Geschichte klang so brutal wie unglaublich: Eine junge ukrainische Flüchtlingsfrau schilderte in einem Flüchtlingslager im Gebiet Rostow am Don gegenüber dem russischen Staatsfernsehen eine Szene, die sich angeblich in der ostukrainischen Stadt Slowjansk kurz nach dem Einrücken der Armee Anfang Juli 2014 zugetragen hatte. Galina Pischnjak, angeblich Mutter von vier Kindern und mit hörbar westukrainischem Akzent, beschrieb gegenüber einer Reporterin, wie ukrainische Soldaten eine öffentliche Züchtigung durchgeführt hätten. Sie hätten, so die junge, blonde Frau, ein dreijähriges Kind auf dem zentralen Lenin-Platz geschlagen und anschließend gekreuzigt. „Die Mutter musste mit ansehen, wie das Blut aus dem Kind floss", erzählte sie dramatisch und unter dem Nicken der Reporterin. „Es war nicht zum Aushalten." Nach eineinhalbstündiger Tortur sei das Kind verblutet.

Haben ukrainische Soldaten in Slowjansk einen Dreijährigen gekreuzigt? Nein. Journalisten, die sich vor Ort auf die Suche nach dieser Story machten, fanden keine Bestätigung für diese Geschichte. Auch das russische Fernsehen hatte sich keinerlei Mühe gemacht, vor Ort die Hintergründe dieses angeblichen Verbrechens zu recherchieren. Doch darum ging es gar nicht. Die „Zeugenaussage" von Galina Pischnjak war eine pure Propagandalüge. Sie sollte die russische Bevölkerung von der Unmenschlichkeit der ukrainischen Soldaten und ihrer blutrünstigen wie brutalen „Strafaktion" gegen Zivilisten im Donbass überzeugen. Und das hat Galinas Geschichte auch getan: Schließlich war sie nicht von einer obskuren Website verbreitet worden, sondern in den russischen Abendnachrichten an ein Millionenpublikum.

Die „Kreuzigung" von Slowjansk mag als perfide Propagandalüge hervorstechen. Doch sie ist kein Einzelfall: Kinder, per Definition hilflos, unschuldig und somit die „perfekten Opfer", werden häufig für Propagandazwecke instrumentalisiert. Im April 2014 berichteten russische Medien von einer erschossenen Zehnjährigen in Donezk. Die BBC-Reporterin Natalia Antelawa machte sich auf die Suche nach dem Mädchen und fand – nichts. Selbst russische Journalisten vor Ort gaben im Gespräch mit Antelawa zu, die Falschmeldung einfach verbreitet zu haben. „Wir mussten darüber berichten", erklärten sie. Sie hatten einfach die Behauptung der lokalen Separatisten übernommen, wohl wissend, dass das Mädchen nie existiert hat.

Desinformation wird auch mit Bildern betrieben: Im Netz tauchten Bilder auf, die angeblich ukrainische Flüchtlingskolonnen zeigten. Doch sie stammten aus dem Kosovo-Krieg. Bilder von Massengräbern sollten die Öffentlichkeit schockieren. Doch sie stammten aus dem russischen Tschetschenienkrieg. Trotzdem ist der Propagandafeldzug vor allem ein Krieg der Worte. In russischen Medien ist immer wieder die Rede von einer „Strafoperation" Kiews – eine Diktion aus der Sowjetzeit, mit der man einst die antisowjetischen Partisanen beschuldigte. Überhaupt werden mit Begriffen wie „Bandera-Faschisten" und „Kiewer Junta" historische Parallelen mit dem Zweiten Weltkrieg und dem Kampf gegen den deutschen Faschismus und seine Verbündeten nahegelegt. Der „Faschist" gilt in Russland und im sowjetisch geprägten Donbass noch immer als der Feind an sich, der Kampf gegen ihn daher als gerechte Sache. Seit Beginn des Maidan-Aufstands hat die russische Medienpropaganda auf diese Dichotomien gesetzt. In russischen Medien wurde der „Rechte Sektor" häufig als die dominante Gruppierung am Maidan vorgestellt. Schon bei der Orangen Revolution 2003/04 wurde der proeuropäische Präsidentschaftskandidat Viktor Juschtschenko als „kryptofaschistischer" Politiker dargestellt. Mit diesem nun aufgewärmten und um vieles verstärkten „Spin" – dem Zweikampf der „guten" prorussischen Antifaschisten gegen „böse" ukrainische Faschisten – hat die russische Propaganda eine gewisse Deutungshoheit über die Landesgrenzen hinaus erlangt. Ausläufer davon sind auch im Westen zu spüren, wo rechtsextreme und neonazistische Tendenzen von Maidan-Kämpfern und Bataillonen oft hochgespielt wurden.

Besonders kreativ gehen User der sozialen Medien mit der Wahrheit um. Soziale Medien wie Twitter und Facebook, aber auch Blogs und die unzähligen Nachrichtenseiten im Internet haben die Berichterstattung befeuert. Die Sache ist zweischneidig: Einerseits können Lokalreporter, die sofort Tweets erstellen oder Videos hochladen, wichtige Informationen für Journalisten liefern, die fernab vom Geschehen sind. Mitunter setzen sie die traditionellen Berichterstatter gehörig unter Druck. Twitter und Co. sind oft schneller als die Nachrichtenagenturen. Aber stimmt es auch, was sie verbreiten? Ein und dasselbe Video kann von beiden Seiten als Beweis für die Verbrechen des jeweiligen Gegners verwendet werden. Bilder, die Granateinschläge zeigen, können selten die Frage nach dem Urheber beantworten, werden aber gerne als Illustration genutzt. Fakten oder Propaganda? Eine Prüfung des Materials ist schwierig. Journalisten begeben sich auf eine Gratwanderung. Und dann gibt es noch die Schattenseite der sozialen Netzwerke. Sogenannte Trolle – bezahlte Propaganda-Poster – werden gezielt eingesetzt, um bestimmte Spins in die Welt zu setzen oder gar Lügen zu verbreiten. Als in Kostjantyniwka im März 2014 ein ukrainischer Panzer von der Straße abkam und ein Kind tötete, wurden in Sekundenschnelle Tweets im russischen Netz verbreitet, die eine absichtliche Tötung des Kindes nahelegten und eine „Befreiung" durch die Separatisten forderten. Die – berechtigte – Kritik an den Militärbehörden durch lokale Bürger wurde später auf russischen Websites als „Aufstand von Kostjantyniwka" verklärt, der brutal „niedergeschlagen" worden sei. Durch Mythen wie diesen wird der Stoff für zukünftige Konflikte geschaffen.

Der britische Publizist Peter Pomerantsev und Michael Weiss, Chefredakteur der Website „The Interpreter" (eine Art *watchdog* der Berichterstattung zum Ukraine-Krieg), sprechen davon, dass für den Kreml Information zur Waffe im Rahmen der Strategie einer hybriden Kriegsführung geworden ist. Das Motto lautet: gezielte Desinformation. Der russische Generalstabschef Walerij Gerassimow hat die Eckpunkte dieser Strategie in einem mittlerweile bekannt gewordenen Artikel in der russischen Wochenzeitung „Militärindustrieller Kurier" Anfang 2013 skizziert. Die Regeln des Krieges hätten sich fundamental geändert. „Die Rolle der nichtmilitärischen Maßnahmen zum Erreichen politischer und strategischer Ziele ist gewachsen, und sie haben in vielen Fällen die Effektivität von Waffen überholt", schreibt Gerassimow. In Konfliktfällen sollten „politische, wirtschaftliche, informationstechnische, humanitäre und andere nichtmilitärische Maßnahmen" zur Anwendung kommen, „mit Unterstützung durch das Protestpotenzial der Bevölkerung". Ergänzt werde dies durch „militärische Maßnahmen verdeckten Charakters, inklusive Aktivitäten der Informationstechnologie und Handlungen von Spezialkräften". Information und Desinformation sind also Instrumente des hybriden oder nicht-linearen Krieges – eines Krieges, den es offiziell gar nicht gibt, weil er nie formell erklärt wurde. Auch in der neuen russischen Militärdoktrin, die Putin zu Jahresende 2014 freigab, tauchen diese Begriffe auf.

Dass Kriege immer auch Propagandakriege sind, ist nicht per se neu. Der Gegner soll durch die Verbreitung von Falschmeldungen geschwächt werden, auch sein internationales Image soll im Zeitalter der Massenmedien angekratzt werden. Geschönte Meldungen über eigene Verluste und übertriebene Zahlen der gegnerischen Opfer stehen an der Tagesordnung – auch im aktuellen Konflikt zwischen der Kiewer Militärführung und den Donbass-Separatisten lässt sich das beobachten. Doch die Desinformation in Zeiten des hybriden Krieges geht tiefer. Wie funktioniert Information als Waffe heute?

Die wichtigsten Stichworte sind Desinformation, Subversion, Zersetzung. Gleb Pawlowskij, ehemaliger Spin-Doktor im Kreml und zur Zeit der Orangen Revolution in polit-technologischer Sache für Juschtschenkos Gegner Viktor Janukowitsch tätig, erklärt die Unterschiede zwischen sowjetischer und postmoderner Propaganda: „In sowjetischer Zeit war das Konzept der Wahrheit bedeutsam. Sogar wenn man Lügen verbreitete, war man darauf bedacht, die ‚Wahrheit' zu sagen. Heutzutage versucht niemand mehr, die ‚Wahrheit' zu beweisen. Man kann alles behaupten. Es geht darum, Wirklichkeiten zu schaffen." Es geht um das Verwischen von „Fact" und „Fiction", wie es im Englischen heißt, um die Schaffung vieler „Versionen". Dem solcherart überforderten Zuschauer bleibt meist nur ein Schluss übrig: Es gibt keine Wahrheit – ein Grundsatz, der sich gut mit populärem Postmodernismus zu vertragen scheint. „Alle Journalisten lügen" oder „Alle Journalisten sind gekauft" sind weitere zutiefst zynische Gedanken, die in die Hände der Desinformationsstrategen spielen. „Question more" ist der Claim des staatlichen russischen Fernsehsenders „RT" (hinter dem Kürzel steht „Russia Today"), der sich an ein westliches Publikum richtet. Dieses „Fragen Sie nach" bedeutet in der Medienpraxis allerdings oft: „Es könnte so, aber auch ganz anders sein."

Ukrainische Informations-Gegenoffensive

Gegen russische Desinformation setzt die Ukraine mittlerweile Aktionen. Eine eigene, staatliche gelenkte Informationspolitik war anfänglich so gut wie nicht vorhanden. Dass der Krieg auf ostukrainischem Boden auch ein Krieg der Worte und Bilder ist, ist nirgendwo so spürbar wie in der Ukraine selbst. Viele Bürger hatten das Gefühl, der russischen Propaganda hilflos ausgeliefert zu sein. Mittlerweile versucht der Staat selbst, Punkte im Propagandakrieg zu machen.

Ukrainische Behörden haben missliebige Korrespondenten, darunter viele russische Journalisten, auf eine „schwarze Liste" gesetzt. Ihnen wird ein Jahr lang die Einreise verweigert, weil sie die nationale Sicherheit des Landes bedrohen würden – ein viel kritisiertes Dekret, das in seiner Schwammigkeit jegliche Kriterien vermissen lässt. Besonders propagandistische russische Sender wurden aus dem Kabelnetz entfernt. Auch ukrainische TV-Sender wie „112.ua" und „Inter" kamen unter Druck.

Letzterem drohte ein Lizenzentzug, da er zu prorussisch sei. Der Kanal, der dem Erdgas-Oligarchen Dmitro Firtasch gehört, hatte an einem Neujahrsabend eine Gala mit „unerwünschten Persönlichkeiten" ausgestrahlt, etwa mit dem gebürtigen Donezker Schlagersänger und russischen Politiker Josif Kobson, der zuvor auch bei Propaganda-Events der Separatisten aufgetreten war und mit Einreiseverbot in die Ukraine belegt ist. Als besonders umstritten gilt der Fall des Bloggers Ruslan Kozaba, der in einem YouTube-Video junge Männer dazu aufrief, ihrer Einberufung nicht Folge zu leisten. „Lieber gehe ich ins Gefängnis, als mich an diesem Bruderkrieg zu beteiligen", erklärte er in dem Clip. Und dazu kam es dann auch: Der Geheimdienst verhaftete Kozaba, dem eine langjährige Haftstrafe wegen Spionage und Hochverrat droht. Amnesty International hat Kozaba als Gewissensgefangenen anerkannt.

Der TV-Sender „Ukraine Today" des Oligarchen Ihor Kolomojskij verbreitet dagegen nur Nachrichten aus proukrainischer Perspektive. Und mit „Ukraine Tomorrow" soll ein staatlicher TV-Kanal ans Netz gehen, der ebenfalls der ukrainischen Sichtweise des Konflikts im Westen Öffentlichkeit verschafft. Auch das im Dezember 2014 gegründete Informationsministerium soll Abhilfe schaffen. Der Minister heißt Jurij Stez und ist ein Vertrauter von Präsident Petro Poroschenko. Stez hat für Poroschenkos TV-Sender, den „Fünften Kanal", gearbeitet. Er soll nun Gegenpropaganda entwerfen: intelligente Antworten auf die allgegenwärtige russische Propaganda. Auch eine Truppe von Bloggern – als „Informnapalm" unterhalten sie eine eigene Website – soll Aufträge abarbeiten. Doch was kann ein Ministerium mit einem Etat von 184.000 Dollar Budget gegen den 250 Millionen Dollar schweren Jahresetat eines TV-Senders wie RT ausrichten? Und ist Gegenpropaganda nicht generell ein kurzsichtiges Projekt?

Der Kiewer Medienwissenschaftler Jewhen Fedtschenko vom Internetprojekt „StopFake.org" ist der Ansicht, dass von ukrainischer Seite nicht von Propaganda gesprochen werden könne. Aus seiner Sicht gibt es keine ukrainische Propaganda. Ja, geschönte Meldungen würden verbreitet, mithin Informationen unterbelichtet, aber keine Propaganda in Form eines „von oben nach unten gesteuerten Prozesses" betrieben. In der Ukraine fehle – anders als in Russland – diese zentrale Kontrolle des Mediensektors.

Innerhalb der Medienszene wird heftig diskutiert, wie sich ukrainische Journalisten im Konfliktfall verhalten sollen. Manche sehen es als ihre Pflicht an, aus einer patriotischen Haltung heraus zu schreiben. Schließlich sei das Land angegriffen worden, und nun sei es Aufgabe der Schreiber, es mit Worten zu verteidigen. Eine Zeitlang waren Homestorys über die edlen Helden an der Front sehr populär. Die Soldaten, die am Donezker Flughafen ausharrten, wurden von den Medien zu übermenschlichen „Cyborgs" verklärt. Dagegen finden das Leid, die humanitäre Krise und die durchaus gemischten Gefühle der Bevölkerung wenig mediale Aufmerksamkeit.

Auch Selbstzensur ist ein Problem. Die Angst, bei kritischer Berichterstattung von russischer Propaganda vereinnahmt zu werden, ist sehr groß. Viele haben Angst, als „Putins nützliche Idioten" zu gelten, wenn sie über unangenehme Themen berichten. „Wenn Journalisten den Mut haben, über Korruption, Lügen der Regierungsstellen oder militärische Misserfolge zu berichten, wird ihnen häufig vorgeworfen, unpatriotisch zu sein, Panik zu schüren oder gar dem Feind zu dienen", berichtet

Iwan Jakowina, Korrespondent des Wochenmagazins „Nowoje Wremja". Dabei benötigt die ukrainische Gesellschaft tatsächlich ehrliche und professionelle Berichterstattung statt Stimmungsmache, und zwar in allen Landesteilen; einen Journalismus, der die Probleme der Bevölkerung aufgreift und wahrheitsgemäß auch über unangenehme Themen berichtet, jenseits von patriotischer Stimmungsmache und Heldengeschichten. Krieg bedeutet für die meisten Menschen Ausgeliefertsein und den Verlust von Handlungsfähigkeit. Journalismus kann Ohnmacht, Gewalterfahrungen und Vertreibung nicht ungeschehen machen. Aber er kann zur Klärung und Aufarbeitung des Geschehenen und letztlich zur Selbstermächtigung beitragen.

Riskante Recherchen, getrennte Informationswelten

„Wir galten plötzlich als Feindesblatt", erinnert sich Marina Iwanowa an die Zeit der Machtergreifung der Separatisten in Donezk. Iwanowa ist Journalistin und arbeitet für eine auflagenstarke Kiewer Tageszeitung. Unser Treffen findet in einem Hotelzimmer in der Donbass-Metropole statt. Marina Iwanowa ist nicht der richtige Name der Journalistin, die diesen auf keinen Fall veröffentlicht sehen will. Zu groß sei die Gefahr für sie und ihre Familie. „Ende Mai hieß es dann: Wir müssen weg", erzählt sie. Die Zentrale konnte im Frühling 2014 nicht mehr für die Sicherheit der Mitarbeiter garantieren. Die Korrespondentin der Kiewer Tageszeitung ist als Einzige des früheren Teams in der Ostukraine geblieben. Donezk ist ihre Geburtsstadt, ihre Familie lebt hier. Doch nach der Auflösung ihrer Redaktion ist sie nur noch undercover unterwegs. Sie berichtet vom Alltag im Krieg, zum Beispiel vom Überleben ohne Bargeld. „Ich habe keine Propaganda-Absichten", sagt die Frau. „Ich beschreibe das, was ich sehe." Früher sah ihr Arbeitsalltag anders aus. „Damals habe ich darüber geschrieben, dass es nicht genügend Kindergärten gibt", erzählt Iwanowa. „Heute denke ich mir manchmal: Solche Probleme hätte ich jetzt gerne!" Wenn sie in der Öffentlichkeit ein Foto macht, rückt sie ihr Kind ins Bild. Sollen die anderen ruhig glauben, sie würde ihren Sohn fotografieren. In Wirklichkeit nimmt sie ein zerstörtes Gebäude oder einen Vertreter der Separatistenregierung ins Visier. Iwanowas tägliche Berichterstattung ist ein riskanter Job.

„Das erste Opfer des Krieges ist die Wahrheit." Diesen Ausspruch hört man in Bezug auf den Ukraine-Konflikt häufig. Doch bevor die Wahrheit stirbt, muss das Feld dafür vorbereitet werden. Im Kriegsgebiet in der Ostukraine wurden Journalisten bedroht und vertrieben, bevor Propaganda und Desinformation sich ihren Weg bahnen konnten. Der Krieg im Donbass hat auf mehreren Ebenen dramatische Auswirkungen auf Medien und Journalisten – und damit auf die Berichterstattung.

Als die Separatisten Anfang April 2014 öffentliche Gebäude in mehreren Städten der Region besetzten, hoben sie als nächsten Schritt an zum Sturm auf die Fernsehtürme. Missliebige TV-Kanäle wurden abgeschaltet, Redaktionen besetzt. Medien, die aus der Sicht der prorussischen Aktivisten ukrainische Propaganda verbreiteten, wurden bedroht.

In den Anfangstagen der selbsternannten „Volksrepubliken" fand geradezu eine Jagd auf Journalisten statt. Viele einheimische und einige ausländische Reporter landeten „im Keller" – ein Synonym für die illegale Haft in den von Bewaffneten besetzten Geheimdienstgebäuden, Schläge und Folter inklusive.

Wie schon in anderen Kriegen traf es die Berichterstatter als Erste. 2014 wurden, so zählt Oksana Romanjuk, Leiterin des Kiewer „Instituts für die Medien", 79 Journalisten in der Ostukraine von prorussischen Milizen verhaftet. Sieben Journalisten starben 2014 in der Ukraine, 2015 waren es bis Jahresende zwei: Der Fotograf Serhij Nikolajew wurde in der Ostukraine von Geschosssplittern tödlich getroffen, die Separatisten abgefeuert hatten. Den prorussischen Publizisten Oles Busina streckten im April in Kiew tödliche Schüsse nieder, vermutlich von Ultranationalisten abgefeuert. Die beiden Todesfälle, so unterschiedlich sie auch sein mögen, illustrieren die Gefahren, die Journalisten in Zeiten extremer Polarisierung drohen. Dunja Mijatović, Beauftragte für Medienfreiheit der Organisation für Sicherheit und Zusammenarbeit in Europa (OSZE), fühlt sich an die Vorgänge in Jugoslawien in den Neunzigern erinnert. „Die Sarajewo-Geschichte", nennt sie es. Seit dem Ausbruch der Krise in der Ukraine hat sie mehr als 400 Attacken auf Journalisten gezählt. „Sie werden bedroht, angegriffen und verschleppt", sagt Mijatović. Mit einem Ziel: „Die Nachrichten sollen nicht länger die Menschen erreichen." Blickt man in den Donbass, muss man sagen: Die Strategie war erfolgreich.

Mittlerweile haben nahezu alle überregionalen ukrainischen Medien ihre Büros in den von den Separatisten kontrollierten Gebieten geschlossen. Aber auch unabhängige Lokalmedien sind von dem Exodus betroffen. Das „Donezker Bürgerfernsehen" sendet aus einem improvisierten Studio in der Stadtbibliothek des ukrainisch kontrollierten Städtchens Slowjansk. Die kritische Info-Website „Donbass-Nachrichten" musste nach Kiew übersiedeln. Die meisten Journalisten der unabhängigen Website „Ostrow" sind ebenso aus dem Donezker Gebiet ausgereist. Lediglich ein Korrespondent ist noch vor Ort. Er arbeitet undercover. Die Redaktion möchte den Kontakt nicht herstellen. Zu gefährlich, heißt es, man fürchte um die persönliche Sicherheit des Kollegen.

Während ausländische Journalisten zunächst ohne Probleme auf beide Seiten der Front reisen konnten, haben DNR und LNR seit Sommer 2015 die Berichterstattung weitgehend verunmöglicht: Akkreditierungen werden versagt, Reporter unsanft abgeschoben. Für ukrainische Journalisten waren diese Trips schon immer viel riskanter. Es gab stets nur ein paar, die hinter die Frontlinie fahren konnten. Journalisten eindeutig proukrainischer Medien – etwa des TV-Senders „Fünfter Kanal", der zur Medienholding von Staatspräsident Petro Poroschenko gehört – sind in Donezk ausdrücklich unerwünscht.

Nur Kritik ist nicht erwünscht

Marina Bereschnewa zitiert Stalin, wenn man sie nach den Anforderungen an die Medien in der „Donezker Volksrepublik" fragt: „Kritisier' nicht nur, mach Vorschläge!" Medien müssten, neben korrekten Berichten, die „Sprünge in der Gesellschaft kitten" und den Weg voran weisen, „damit die Toten nicht umsonst gestorben sind", sagt die Frau mit dem feuerrot gefärbten Haar. Sie sitzt im zweiten Stock eines modernen Bürohauses, in dem mehrere Ministerien der „Donezker Volksrepublik" untergebracht sind. Das Zimmer ist blank geputzt und karg, die wenigen Möbel riechen noch nach Verpackung. Bereschnewa bekleidete mehrere Monate lang den Posten der Informationsministerin. Nunmehr ist sie in der staatlichen Reklameagentur tätig, die ebenfalls Teil des Informationsministeriums ist. Ukrainische Medien würden es mit der Wahrheit nicht sehr genau nehmen, kritisiert sie. Im Übrigen seien die proukrainischen Redaktionen nicht aus den „Volksrepubliken" vertrieben worden. Sie seien von selbst gegangen.

Die Medien in der „Donezker Volksrepublik" mussten sich bei den Behörden neu registrieren. Mehr als 170 haben sich nach Angaben des Informationsministeriums angemeldet. Am wichtigsten ist das massenwirksame Fernsehen: Es gibt vier neue „nationale" TV-Sender und mehrere Lokal-TV-Kanäle, die die offizielle Sicht der Separatisten präsentieren. Auch ein „staatliches" Nachrichtenportal namens „DNR News" und eine Nachrichtenagentur wurden gegründet; die englischsprachige Seite „DONi-News Agency" wiederum richtet sich an ein westliches Publikum: Hier gibt es nur erbauliche Nachrichten aus der DNR. Bürger, die im von den Separatisten kontrollierten Donbass oppositionelle Standpunkte mitbekommen wollen, sind auf das Internet angewiesen. Aber auch hier sind nicht mehr alle Angebote zugänglich: Mehrere beliebte Donezker Info-Seiten, die kritisch über die Separatisten berichten, sind „auf Verlangen des Informationsministeriums blockiert", wie der lokale Provider nach dem Aufrufen der Seiten berichtet. Warum hat man das getan? Die Betreiber würden Lügen verbreiten, entgegnet Bereschnewa.

Schwierige Vermittlung zwischen den Realitäten

Jewgenij Schibalow konnte von seinem Fenster aus seit dem Sommer 2014 immer wieder den Granaten beim Einschlagen zusehen. Seine Wohnung am Stadtrand von Donezk ist als Beobachtungsposten perfekt geeignet – mit hohem Risiko. Seine Familie hat er längst in Sicherheit gebracht. Er selbst blieb. Und schrieb. Schibalow ist ein hagerer Mittdreißiger mit dunklen Ringen unter den Augen. Der Korrespondent der Kiewer Wochenzeitung „Serkalo Nedeli" war bis vor Kurzem wohl der einzige ukrainische Journalist, der seit Beginn des Konflikts in der Ostukraine vor Ort war und unter seinem Namen für ein Medium schrieb, das nicht unter dem Einfluss der ostukrainischen Separatisten steht.

Der „Serkalo Nedeli"-Korrespondent fuhr selbst an die Schauplätze des Konflikts. In seinen Berichten konzentrierte er sich auf die humanitäre Lage – „das akuteste Thema hier", wie er sagt. „Die Medien schreiben alle über den Krieg. Aber hier im Donbass leben auch Millionen friedlicher Bürger. Wir wissen, wie viele Soldaten täglich sterben. Aber die Anzahl der getöteten Zivilisten ist nicht bekannt. Ich will mit meiner Berichterstattung zeigen, dass in diesem Alptraum hier Millionen von normalen, friedfertigen Bürgern leben. Bürger, die unabhängig von ihren politischen Überzeugungen nie eine Waffe in die Hand genommen haben – also kann man sie nicht für schuldig erklären."

Als bekannter proukrainischer Journalist gab es für ihn Einschränkungen: Er durfte sich keinen militärischen Objekten nähern, und er durfte die prorussischen Bewaffneten nicht als Terroristen bezeichnen. An der Wortwahl Separatisten habe er eisern festgehalten, erklärt Schibalow, von Freiheitskämpfern habe er nie geschrieben. Dennoch entschied er sich, den Journalismus bleiben zu lassen: Die Redaktion in Kiew druckte seine Artikel immer seltener – womöglich eine Folge der unterschiedlichen Realitäten, in denen die Ukrainer leben. Je länger der Krieg dauert, desto schwieriger scheint die Vermittlung des jeweils anderen Lebensalltags zu werden. Die Frontlinie trennt selbst Gleichgesinnte voneinander. „Es ist jetzt nicht populär, aber ich rufe zum Frieden auf", sagt Schibalow. „Wenn alles vorbei ist, wenn die Menschen die Waffen ablegen, wenn sie gezwungen sind, wieder zusammenzuleben und ihren Kindern von den Ereignissen erzählen müssen, werden wir letztendlich alle eine Frage beantworten müssen: Sind wir Menschen geblieben?" Mittlerweile ist Jewgenij Schibalow für eine Hilfsorganisation tätig.

Andrej Dichtjarenko ist dem Journalismus treu geblieben, aber um seinen Beruf weiter ausüben zu können, musste er den Donbass verlassen. Heute lebt er in Kiew in einem Neubaubezirk am linken Ufer des Dnjepr. Von seinem früheren Medienprojekt im ostukrainischen Luhansk – der Wochenzeitung „Realnaja Gaseta" – sind ihm nur Erinnerungen und ein paar gedruckte Ausgaben im Kofferraum seines Autos geblieben. Der Journalist kramt eine hervor: Das Cover ziert ein Separatistenführer der „Luhansker Volksrepublik" vor einem Wandbild mit Stalin und Marx. Im Inneren des Blattes beschreibt der Mittdreißiger kritisch die Enteignungen im abtrünnigen Territorium. Mitte Juni 2014 erschien dieser Artikel. Es war eine der letzten Ausgaben der Wochenzeitung.

Seit der Machtergreifung der Separatisten im April 2014 war es für Dichtjarenko in der Ostukraine gefährlich geworden. „Man warnte uns in regelmäßigen Abständen, dass wir uns nicht zu sehr aus dem Fenster lehnen sollen", so schildert es Dichtjarenko bei einem Kaffee in einem Selbstbedienungsimbiss. Dazu kam die sich verschlechternde allgemeine Sicher-

heitslage. Luhansk war von der ukrainischen Armee einge-
kreist, die Stadt wurde intensiv beschossen. „Das ganze System
brach zusammen", sagt er. Als die Kioske dichtmachten und
der Vertrieb der Zeitung unmöglich wurde, gaben er und seine Kollegen auf. Fotoapparate, eine Videokamera und mehrere
Computer nahmen sie mit. Das Archiv der Zeitung mussten sie
in der Stadt lassen. Mit seiner Familie und ein paar Habseligkeiten fuhr er im Auto nach Kiew. Das Kennzeichen „BB" – die
Abkürzung für das Luhansker Gebiet – sei in der Hauptstadt
„nicht sehr beliebt", sagt Dichtjarenko mit einem matten Lächeln. Von Kiew aus versucht er weiter mit den Menschen in
der Konfliktregion Kontakt zu halten. Er leitet auf der Website
des Senders „Freies Europa" ein Projekt, in dem er Stimmen aus
dem Kriegsgebiet Raum gibt. Diese „Briefe aus dem besetzten
Donbass" sollen eine Perspektive von innen geben, erklärt er.
Die Rubrik sei ein Versuch, über den Krieg zu schreiben, abseits
der trockenen und scheinbar immer gleichen Nachrichten über
Einschläge, Gebietsgewinne und Tote. „Die Autoren schreiben
darüber, wie es ist, Bürger eines besetzten Gebiets zu sein. Sie
schreiben über ihre Probleme, nicht über Gut und Böse."

Andrej Dichtjarenko, der Luhansker Journalist der „Realnaja Gaseta", wird weiterhin in Kiew bleiben und von dort aus
der Ferne über seine Heimat berichten. Solange die Separatisten an der Macht seien, sei es für ihn im Osten zu gefährlich.
Erst wenn die ukrainische Fahne über der Stadtverwaltung von
Luhansk wehe, werde er zurückkehren, sagt der Mittdreißiger
und lächelt wieder ein wenig verzagt. Dichtjarenko weiß, dass
bis dahin noch viel Zeit vergehen wird.

8   Die Zukunft der Ukraine in Europa

Es klingt nach einem riesigen, fast unbewältigbaren Plan: Die Ukraine soll zum Vorbild werden. Fragt man den ukrainischen Wirtschaftsminister Aivaras Abromavičius, wie die Ukraine den Donbass zurückgewinnen kann, lautet seine Antwort: „Nur durch Reformen und Wirtschaftswachstum können wir darauf hoffen, dass die Menschen dort sagen: Schaut, die Lebensbedingungen in der Ukraine verbessern sich, es gibt Meinungsfreiheit und Reisefreiheit nach Europa – wir wollen wieder zusammenleben."

Bis dahin ist es noch ein weiter Weg: Bei seinem Amtsantritt im Dezember 2014 erklärte der gebürtige Litauer selbst, die Ukraine sei „das korrupteste Land Europas". Gemessen am Lohnniveau liegt sie mit einem Durchschnittslohn von umgerechnet etwa 160 Euro nur knapp vor dem ärmsten europäischen Staat, der Republik Moldau. Abromavičius' offizielles Gehalt als Wirtschaftsminister beträgt umgerechnet 200 Euro. Er lebt von seinen Reserven, angelegt in seiner Zeit als erfolgreicher Investmentbanker.

Der frühere Fondsmanager Abromavičius, der mit 38 Jahren Wirtschaftsminister wurde, bildet mit anderen hohen Beamten eine Gruppe innerhalb der prowestlichen Führungsriege, die ihre Aufgabe ernst nimmt. Sie sind Anhänger des freien Marktes, der Privatisierung, der radikalen Veränderung – doch einfach ist ihre Aufgabe nicht. Wie steht es im Allgemeinen um die

Reformbereitschaft der Regierung, die durch den Euromaidan an die Macht kam und von der die Bürger erwarten, dass sie die Ukraine in ein modernes, europäisches Land verwandeln wird?

Abromavičius spürt den Gegenwind. Er spricht offen darüber, dass in der Ukraine Politik und Wirtschaft geprägt sind von mächtigen Interessengruppen: den informellen, undurchsichtigen Netzwerken. Politische Repräsentanten sitzen für Oligarchen im Parlament. Cliquenwirtschaft ist weit verbreitet. Einmal erhielt der Wirtschaftsminister, der sich die Effizienzsteigerung der Staatsbetriebe auf die Fahnen geschrieben hat, eine Textnachricht von einem einflussreichen Geschäftsmann: „So geht man unter Kollegen nicht vor", stand da geschrieben.

Reformer und Schattenregierung

Der Parlamentarier des Präsidentenblocks und frühere Aufdeckerjournalist Serhij Leschtschenko, der diesen Vorfall publik machte, spricht gar von einer „Schattenregierung". An deren Spitze: Präsident Petro Poroschenko. Der Präsident wolle mittels einer Vertikale der Macht die wichtigsten Staatsinstitutionen kontrollieren, kritisiert Leschtschenko den Parteivater, allen voran die Staatsanwaltschaft und die Gerichte. Dabei muss gerade eine unabhängige Justiz der Motor der Veränderung sein. Auch dem Journalisten Jurij Butusow vom Onlinemedium „Censor.net" gehen die Veränderungen nicht schnell genug: „Die ukrainische Führung hat ihr Verhältnis zur hochrangigen Korruption nicht verändert, und sie versteht nicht, dass der Westen von uns reale, systematische Veränderungen erwartet, und kein Geschwätz auf Facebook und Pressekonferenzen. Die Reformen erfordern Schnelligkeit, und keine Versprechen einer strahlenden Zukunft. Ja, in der Ukraine sind Veränderungen spürbar, aber die Geschwindigkeit der Veränderungen ist nicht ausreichend, damit wir uns in einem Tempo mit den demokratischen Staaten bewegen können. Es muss schneller gehen, viel schneller." Witali Schabunin von der NGO „Antikorruptions-Aktionszentrum", rügt die Unwilligkeit der Behörden, „Spoiler" in den obersten Etagen zu entfernen. Zwar wurden per Gesetz eine Antikorruptions-Staatsanwaltschaft und ein Antikorruptionsbüro eingerichtet. Doch Taten fehlen. „Unsere Antikorruptions-Gesetzgebung ist gut, aber es mangelt am Willen zur Implementierung", sagt der geschäftige junge Mann in seinem Büro in Kiew. Schlüsselfiguren in der Politik wollten nicht, dass wirklich unabhängige Institutionen den Kampf mit der Top-Korruption aufnehmen. Doch die Zeit drängt: Die Ungeduld von Kiews internationalen Partnern und Geldgebern nimmt zu.

Vor allem ausländische Experten wie Abromavičius werden als Verbündete der besorgten Bürger wahrgenommen. Denn tatsächlich können sie nur durch ihre Expertise reüssieren. Reformerfolg ist ihr größtes Kapital. Lokale Netzwerke, denen sie Jobs und Zubrot verschaffen müssen, haben sie nicht. Die Chancen, dass sie etwas weiterbringen, stehen gut. Auch internationale Beobachter billigen Teilen der Regierung zu, etwas zum Besseren verändern zu wollen: etwa Finanzministerin Natalija Jaresko, die schon lange Jahre in der Ukraine tätig war. Micheil Saakaschwili soll das korrupte und heruntergewirtschaftete Odessa auf Vordermann bringen. Freilich verfügt er nicht mehr über jene umfassenden Kompetenzen wie einst als georgischer Präsident – und aus Kiew bekommt er Gegenwind in Gestalt von Premier Arsenij Jazenjuk zu spüren. „Saakaschwilisation" nennen die Autoren einer Studie des Kiewer „Gorshenin-Instituts" denn auch kritisch eine Politik, die vor allem auf oberflächliche Effekte und Kontrolle der Medien setze. Die politische Elite dürfe nicht in Versuchung geraten: Reformen an der Oberfläche werden die Ukraine nicht retten.

Solange im Donbass jeden Tag Schüsse erklangen, diente der Krieg als Rechtfertigung dafür, dass die Reformen nicht so schnell wie erwartet umgesetzt werden konnten. Seitdem die schweren Zusammenstöße an der Front mit September 2015 abgeflaut sind, hat dieses Argument an Schlagkraft verloren. Vielen Bürgern geht es wie Butusow: nicht schnell genug. Die Enttäuschung machte sich auch bei den Lokalwahlen im Oktober 2015 Luft: Nur 46 Prozent der Wahlberechtigten nahmen teil. Der mit großem Pomp und zahlreichen Manipulationen ausgetragene Wahlkampf wurde von einem Gutteil der Menschen ignoriert. Das Präsidentenlager fuhr kein glänzendes Ergebnis ein; gerade im Süden und Osten der Ukraine schnitt der Oppositionsblock, Nachfolger von Janukowitschs „Partei der Regionen", gut ab. Regierungsumbildung und eventuell gar vorgezogene Neuwahlen standen zu Jahresende im Raum.

Die Ukraine steckt in einem Dilemma: Zu viele Vertreter der „alten Garde", verhaftet im oligarchischen System, sind noch an der Macht. „Die politische Elite ist nicht so reif wie die Gesellschaft", konstatiert der Analyst Oleksij Melnyk vom Kiewer „Rasumkow-Zentrum". Präsident Poroschenko, der selbst Großunternehmer ist und in seiner Präsidentenpartei verschiedene Business-Interessen jongliert; Premier Arsenij Jazenjuk, mit knapp über 40 bereits ein Altpolitiker, der zwar zu rhetorisch schrillen Tönen neigt, von dem sich aber viele ein in der Sache beherzteres Vorgehen erwartet hätten. Auch die nimmermüde Julia Timoschenko will mit populistischen Parolen an die Spitze der Macht zurückkehren. Angesichts der Unzufriedenheit werden die Rufe nach einem „dritten Maidan", einem neuen Volksaufstand, immer lauter. Doch das Land kann sich keinen neuerlichen Umsturz leisten. Es braucht stabile Verhältnisse, um die Reformagenda umzusetzen. „Wir müssen die Politiker dazu zwingen, ihre Arbeit zu tun", bringt es der Intellektuelle Mykola Rjabtschuk auf den Punkt.

Die schlimmste wirtschaftliche Krise scheint indes überwunden. Nach einem katastrophalen Jahr 2015, in dem die Wirtschaft der Ukraine um neun Prozent schrumpfte und das Land nur knapp dem Staatsbankrott entging, sagen Prognosen für 2016 wieder ein Wachstum von zumindest 2,5 Prozent voraus. Die Landeswährung Hrywnja hat sich stabilisiert und die Staatskassen füllen sich. Dennoch: Kiew wird für viele Jahre auf die Unterstützung von Finanzinstitutionen wie dem Internationalen Währungsfonds (IWF) angewiesen sein und wird sich dessen Ansprüchen beugen müssen. Auch hier liegt für die Zukunft noch reichlich Konfliktstoff.

Für 2016 ist eine erste Privatisierungswelle geplant, die dem Staat zusätzliche Einkünfte bescheren soll. Die überbordende Bürokratie soll gestrafft und effizienter gestaltet werden. Reformen im Bereich der Steuergesetzgebung und Maßnahmen zur Korruptionsbekämpfung stehen auf der Prioritätenliste ganz oben. Erst wenn ausländische Investoren dem Rechtsstaat trauen, werden sie in der Ukraine ihr Geld anlegen. Auch für die Verwaltung sehen die Reformer interessante Rezepte vor: Weniger Personal, dafür bessere Bezahlung für wirklich quali-

fizierte Kader. Denn die Ukraine ist kein gescheiterter Staat, wie
so oft behauptet wird. Sie ist nur ein nicht besonders effizienter
Staat.

Das liberale Auskunftsgesetz, ein transparentes Grundbuch,
das Gesetz über Parteienfinanzierung und Medieneigentümer-
schaft sind wichtige Schritte, um die demokratische Kontrolle
durch die Gesellschaft zu stärken und korrupte Praktiken publik zu machen. Eine weitere zentrale Aufgabe wird die Konsolidierung des Gewaltmonopols sein. Vorfälle wie jener in
Mukatschewo, wo sich im Juli 2015 bewaffnete Kämpfer des
„Rechten Sektors" Schießereien mit den Sicherheitsorganen lie-
ferten, sind besorgniserregend. In der Ukraine sind viele nicht
registrierte Waffen im Umlauf, Männer mit Gewalterfahrungen
kehren von der Front zurück: Die Politik muss frühzeitig für
ihre Integration sorgen und der Unterminierung des Gewaltmonopols entschlossen entgegentreten. Als wären die Gefahren von außen nicht schon genug, ist die Instabilität, die von
innen droht, besonders gefährlich.

Das „Einfrieren" des Konflikts im Donbass

Die Herzen der Donbass-Bewohner zurückgewinnen, so lautete die Vision des Wirtschaftsministers. Zu Jahresende 2015 gab
es zumindest Fortschritte aus dem Konfliktgebiet zu vermer-
ken: Ein mit Anfang September geschlossener Waffenstillstand
hielt weitgehend; die Kriegsparteien zogen schwere Waffen von
der Kontaktlinie ab. Die Donezker und Luhansker Separatisten verschoben die Abhaltung der vorher einseitig ausgerufenen Lokalwahlen auf Februar 2016. Die Entspannung brachte

Verbesserungen für die lokale Bevölkerung. Verkehrskorridore wurden wieder geöffnet, Entminungsarbeiten und Reparaturen schritten voran, Hilfslieferungen wurden wieder aufgenommen. Internationalen Hilfsorganisationen, die seit dem Sommer weitgehend aus dem Separatistengebiet ausgesperrt gewesen waren, wurde wieder Zugang gewährt. Dennoch blieb die Sicherheitslage prekär: Immer wieder kam es auch zu Jahresende 2015 zu Feuergefechten an einzelnen Orten. Im Bedarfsfall kann die Militärtechnik innerhalb kürzester Zeit wieder in Frontnähe verschoben werden. Von nachhaltiger Entspannung und politischer Konfliktlösung war man noch weit entfernt.

Der Kiewer Politik-Experte Wolodymyr Gorbatsch spricht von einem „psychologischen Wendepunkt". Für beide Seiten scheint nach Monaten des Kämpfens das Interesse an einer Beruhigung größer als an einer Eskalation. Selbst kleine Gebietsgewinne sind nur unter großen Verlusten zu erzielen. Das Ziel ist nunmehr, die Kosten zu minimieren. Beide Kriegsparteien spüren auf unterschiedliche Weise den Druck der internationalen Gemeinschaft: Kiew braucht das Geld und Gutheißen des Westens; Moskau will endlich die EU-Sanktionen loswerden. Jedoch ist ihre Aufhebung an die Erfüllung des Minsker Abkommens gebunden.

Der Minsk-Prozess geht 2016 in sein zweites Jahr. Viele Punkte des Abkommens harren der Verhandlung und es ist schwer vorherzusagen, wann und wie genau sie gelöst werden. Für die ukrainische Seite sind Schritte zentral, die zur Demilitarisierung des Gebiets führen: etwa der Abzug der bewaffneten russischen und prorussischen Verbände, sowie die Kontrolle der Außengrenzen der Ukraine, die derzeit entlang des Separatistenterritoriums in (pro-)russischer Hand ist. Für die Separatisten haben ein Amnestiegesetz, das Freiheit vor Strafverfolgung garantieren soll, und möglichst große verfassungsmäßige Zugeständnisse von ukrainischer Seite für den Donbass Vorrang. Moskau wünscht sich zudem direkte Verhandlungen Kiews mit den Separatisten, was eine implizite Anerkennung der Donezker und Luhansker Lokalherren zur Folge hätte.

In der Ukraine birgt die Verfassungsreform – die Frage, wie der besondere Status des Donbass und die künftigen Rechte der Regionen letztendlich ausgestaltet werden – großen innenpolitischen Sprengstoff. Es ist eine Gratwanderung zwischen notwendigen demokratischen Reformen, die den Regionen (auch anderswo im Land) mehr Entscheidungsgewalt geben, und den Rufen Moskaus nach einer kompletten Föderalisierung der Ukraine, was in der Idealversion des Kreml einer Schwächung des Zentrums gleichkäme. Anders als im Falle der symbolträchtigen und ohne großen Aufwand annektierten Krim denkt Moskau nicht daran, sich den Donbass mit seiner veralteten Industrie und den 2,7 Millionen zu einem Gutteil bedürftigen Einwohnern einzuverleiben. Im Gegenteil: „Die Russen würden diese Territorien sehr gerne in den ukrainischen Staatskörper zurückstoßen, um sie gleich einem Sprengsatz mit Fernsteuerung zu nutzen", sagt Analyst Gorbatsch. Kiew dagegen will sich nicht um den Preis des Friedens auf einen Deal einlassen, der politisch nur Ungemach bedeutet. Daher scheint keine rasche politische Lösung in Sicht. Publizist Rjabtschuk spricht pointiert von einem „sonderbaren Krieg": „Es geht nicht darum, ein Gebiet zu erobern, sondern darum, die andere Seite dazu zu zwingen, es zu nehmen."

Russlands Präsidenten Wladimir Putin scheint mittlerweile daran gelegen, die Lage im Donbass zu beruhigen. Denn mit dem Ukraine-Abenteuer hat er nicht jene Ziele erreicht, die er sich gewünscht hatte. Statt einer Rückkehr an die Spitze der Weltpolitik hat sich Moskau international isoliert. Und statt eine Bindung des Nachbarlandes an die „russische Welt" zu erreichen, hat Moskau die Ukraine auf lange Sicht verloren – nie waren die Gräben zwischen den beiden Nationen größer. Was in der Ukraine nicht geklappt hat, versucht Putin nun – wie es scheint erfolgreicher – mit seiner Militärintervention in Syrien. Dennoch wird sich Russland nicht ohne Weiteres aus dem Donbass zurückziehen; denn der Konflikt dient als Instrument der Destabilisierung, das bei Bedarf wieder in Betrieb gesetzt werden kann. Ein mögliches Zukunftsszenario ist, dass der Kreml die Separatistengebiete einem dritten Spieler überlässt, etwa dem Oligarchen Achmetow, der als einer der wenigen Ukrainer Zugriff auf das Territorium hat und bei den Lokalwahlen mit einer politischen Kraft seinen Einfluss steigern könnte. Die Separatisten selbst haben an einem Ausgleich zwischen Kiew und Moskau am wenigsten Interesse, weil sie am meisten zu verlieren haben. Verhandler in Minsk können davon berichten, wie sie immer neue *chotelki*, Begehrlichkeiten, vorbringen und Kompromisse verunmöglichen.

Die größten Leidtragenden des Ukraine-Kriegs jedoch sind neben den Inlandsvertriebenen die Menschen im Konfliktgebiet. Sie müssen in einer Zwischenwelt leben, die von Anstrengungen und Absurditäten gezeichnet ist. Sie befinden sich in Geiselhaft in einem Gebiet voller Zerstörungen, die noch jahrelang Teil ihres Alltags bleiben werden. Um sie herum hat sich ein Pseudo-Staat aufgebaut, der seinen Bewohnern wenig zu bieten hat. Aber auch Kiew hat die Donbass-Bewohner zu Bürgern zweiter Klasse erklärt und Bürgerrechte ausgesetzt. Die

Ukraine sollte als ersten Schritt in Richtung Entspannung ihre Blockadepolitik überdenken: Das Passierscheinsystem und die ständigen Kontrollen an den Checkpoints schränken die Bewegungsfreiheit der Zivilisten unnötig ein. Sie wirken wie eine zusätzliche Bestrafung. Mit Entspannungssignalen könnte es gelingen, die Herzen der Menschen in den abtrünnigen Regionen zurückzugewinnen.

Und das vorläufige Fazit für Europa? Die Ukraine-Krise hat die außenpolitischen Schwächen der EU offenbart. Europäische „Soft Power" ist wirkungslos, wenn der Konterpart auf einer anderen Klaviatur spielt. Diese Schwäche kann nur längerfristig ausgeglichen werden: durch eine wahrhaft gemeinsame Außen- und Sicherheitspolitik und engagiertes Handeln in der europäischen Nachbarschaft statt nationalstaatlicher Alleingänge. Die geplante Visafreiheit für Georgien und die Ukraine ist ein Schritt in die richtige Richtung. Die Union muss stärker als bisher mit einer Stimme sprechen, standhaft bleiben und darf keine krummen Deals mit dem Kreml eingehen. Eine stillschweigende Akzeptanz der geraubten Krim im Gegenzug für Frieden im Donbass, ein in Medienberichten kolportiertes Szenario einer „Einigung" sind keine Optionen: Völkerrechtsbruch kann nicht im Nachhinein legalisiert werden. Der Krieg in der Ukraine ist die größte Bewährungsprobe für Europa seit dem Ende des Kalten Krieges, es ist kein Konflikt, der über Nacht verschwindet, auch wenn nicht mehr täglich über ihn berichtet wird. Europa muss sich selbst treu bleiben. Wenn Europa Menschenrechte, Demokratie und Rechtsstaat glaubwürdig verkörpern will, dann muss es jetzt Stellung beziehen: als Mahner für Putins Russland, und als Vorbild für die Ukraine.

ANHANG

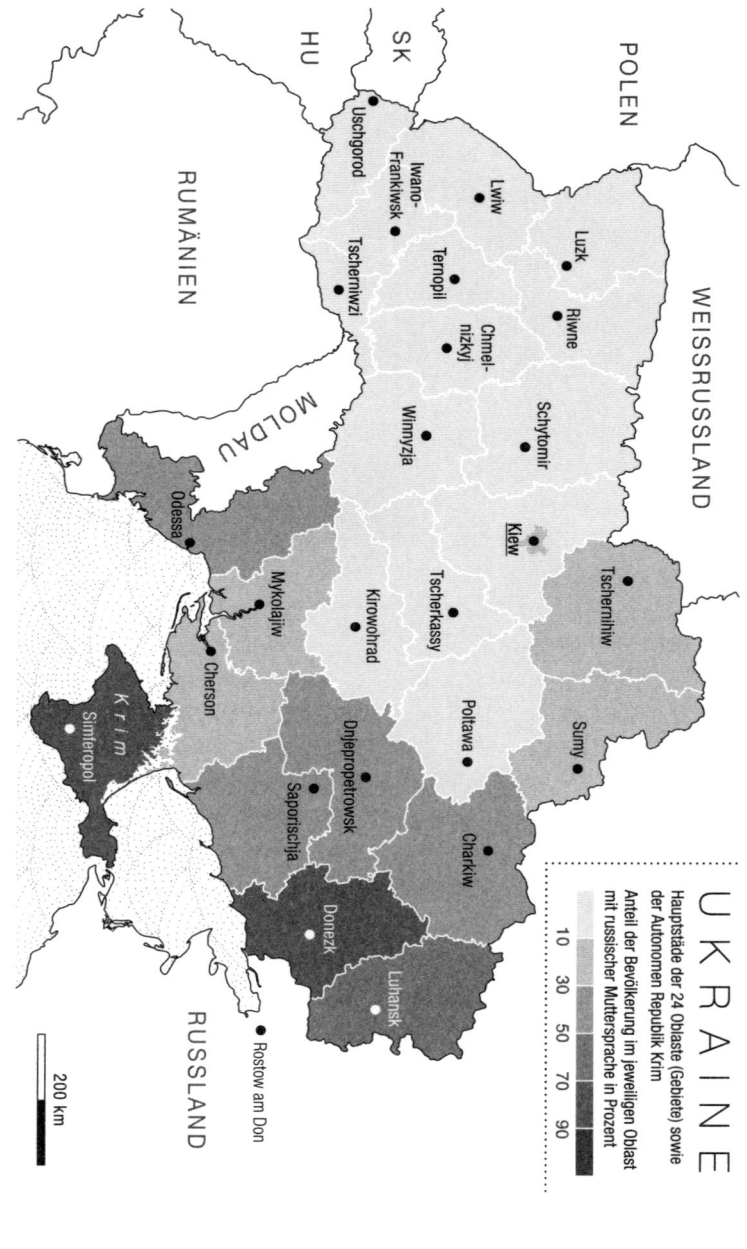

UKRAINE

Hauptstädte der 24 Oblaste (Gebiete) sowie
der Autonomen Republik Krim

Anteil der Bevölkerung im jeweiligen Oblast
mit russischer Muttersprache in Prozent

10 30 50 70 90

POLEN

WEISSRUSSLAND

RUSSLAND

RUMÄNIEN

MOLDAU

HU

SK

Uschgorod

Iwano-
Frankiwsk

Lwiw

Luzk

Riwne

Ternopil

Tscherniwzi

Chmel-
nizkyj

Schytomir

Winnyzja

Kiew

Tscherkassy

Kirowohrad

Tschernihiw

Sumy

Poltawa

Charkiw

Dnjepropetrowsk

Saporischja

Donezk

Luhansk

Mykolajiw

Odessa

Cherson

Simferopol

Krim

Rostow am Don

200 km

RUSSLAND

CHARKIW

Tanuschiwka

Prosjane

U K R A I N E   Milowe

LUHANSK

Sewerodonezk   Krasna Taliwka

DONEZK   Lysytschansk   Schastja   Staniza
                                              Luhanska

Slowjansk

Kramatorsk   Stachanow   Luhansk
Artemiwsk   Altschewsk   Iswaryne
Kostjantyniwka   Krasnodon

Debalzewe
Krasnoarmiisk   Horliwka   Tscherwonopartysansk
Awdiiwka   **Absturzort**   Antrazyt
Pisky   **Flug MH17**   Dowschansky
Kurachowe   Donezk   Maryniwka
Marynka   Ilowajsk   Uspenka

Wolnowacha

50 km

Frontverlauf im November 2015	———
Verkehrsverbindungen in das Separatistengebiet	═══

Kontrolle über Grenzgebiete

Ukraine	══
Prorussische Milizen	••••••
Grenzübergänge	⊖

Mariupol   Nowoasowsk
        Schyrokyne

Quelle: UCMC, mil.gov.ua

Anmerkungen und Literatur

- Äußerungen von Personen in diesem Buch gehen auf persönliche Gespräche zurück; Zitate, die aus Büchern oder Berichten übernommen wurden, sind als solche gekennzeichnet.
- Die Schreibweise von Namen und Toponymen orientiert sich am Ukrainischen (*Charkiw* statt dem russischen *Charkow*). Wenn im Deutschen andere Formen gebräuchlich sind, werden diese vorgezogen (*Kiew* statt *Kyiw*). Zur besseren Lesbarkeit wurden Namen in Einzelfällen vereinfacht.

Kapitel 1:

Das Kapitel beschreibt Details der Ein- und Ausreise in die DNR, wie sie im Frühling 2015 gültig waren. Seither hat sich die Lage geändert. Generell ist eine Institutionalisierung des Kontrollregimes zu beobachten. Von ukrainischer Seite wird die Frontlinie militärisch befestigt und abgeriegelt, die Anzahl der Kontrollpunkte verringert. Die Abfertigungsbedingungen, bis Mitte des Jahres äußerst chaotisch (stundenlange Wartezeiten, keine Sanitäranlagen, fehlende Trinkwasserversorgung), haben sich verbessert. Eine durchgängige Einreise mit dem Bus war zu Jahresende 2015 nicht mehr möglich: Die Passagiere mussten nunmehr die Pufferzone in Taxis oder zu Fuß durchqueren.

Updates zur Lage auf der Seite „SOS Donbass" (ohne Gewähr): www.donbasssos.org

Kapitel 2:

Andreas Kappeler: *Kleine Geschichte der Ukraine*, München 2014;

Mykola Rjabtschuk: *Gleichschaltung. Authoritarian Consolidation in Ukraine 2010–2012*, Kiew 2012;

Karl Schlögel: *Entscheidung in Kiew. Ukrainische Lektionen*, München 2015;

Winfried Schneider-Deters: *Die Ukraine. Machtvakuum zwischen Russland und der Europäischen Union*, Berlin 2012;

Andrew Wilson: *Ukraine Crisis. What it means for the West*, New Haven–London 2014;

Kerstin Zimmer: „Das kranke Herz", in: FAZ, 27. 7. 2014.

Kapitel 3:

Katharina Raabe, Manfred Sapper (Hg.): *Testfall Ukraine. Europa und seine Werte*, Berlin 2015;

Thomas de Waal: *The Caucasus. An Introduction*, Oxford 2010.

Christoph Zürcher: *The Post-Soviet Wars. Rebellion, Ethnic Conflict, and Nationhood in the Caucasus*, New York–London 2009;

Kapitel 4:

Nikolaj Mitrochin: „Transnationale Provokation: Russische Nationalisten und Geheimdienstler in der Ukraine", in: Osteuropa, Nr. 5-6/2014;

- ders.: „Infiltration, Instruktion, Invasion: Russlands Krieg in der Ukraine", in: Osteuropa, Nr. 8/2014;

- ders.: „Gefährliche Unschärfe: Russland, die Ukraine und der Krieg im Donbass", in: Osteuropa, Nr. 9-10/2014;

Details zu MH17: „Russia's Path(s) to War": www.bellingcat.com

Aktuelle Wirtschaftsdaten: www.laender-analysen.de/ukraine

Kapitel 5:

Die NGO „Verantwortungsvolle Bürger des Donbass" wurde von mehreren Donezkern im Juni 2014 gegründet. Sie ist politisch unabhängig und hilft allen friedlichen Bürgern.
http://responsiblecitizens.org/en/

Kapitel 6:

Tanja Aslanjans NGO „Promir": http://volonteers.wix.com/promir

Kapitel 7:

Peter Pomerantsev, Michael Weiss: „The Menace of Unreality", siehe:
www.interpretermag.com/wp-content/uploads/2015/07/PW-31.pdf

Kapitel 8:
Das Reformprogramm der Regierung: http://reforms.in.ua.
Der Think Tank „Carnegie Centre" überprüft in seinem „Reform Monitor" diese Vorhaben: http://carnegieendowment.org/specialprojects/Ukraine
Website des Antikorruptions-Aktionszentrums: http://antac.org.ua/en/

Dank

Allen Gesprächspartnern, die – unabhängig von ihrer Weltsicht – bereit waren, mit mir zu reden und mir Einblick in ihr Leben zu gewähren, möchte ich zuerst danken. Ohne sie hätte ich dieses Buch nie schreiben können.

In Donezk bin ich Jana Tkatschenko, Jewgenij Schibalow und den freiwilligen Helfern der NGO „Verantwortungsvolle Bürger des Donbass" zu Dank verpflichtet. Ich mag mir die Stadt nicht ohne sie vorstellen. Olesja Jaremtschuk in Lemberg und Anastasia Magasowa in Kiew habe ich wertvolle Kontakte zu verdanken, ebenso wie der unermüdlichen Anna Hontscharyk und Olena Schubkina vom „Ukraine Crisis Media Center". Ohne Lidiia Akryschoras Übersetzungskünste wäre ich an den Lemberger Tonaufnahmen gescheitert. Vielen Dank an die ukrainische Botschaft in Wien für die langjährige Kooperation.

Für Auslandsreporter ist internationale Vernetzung essenziell. Das Journalistennetzwerk „N-Ost" (www.n-ost.org), dessen Mitglied ich bin, leistet wichtige Vermittlungsarbeit; den Organisatoren und Teilnehmern des N-Ost-Programms „Stereoscope Ukraine" danke ich für die spannenden Diskussionen. Als Stipendiatin des mittlerweile leider eingestellten Programms „Medien-Mittler" der Robert-Bosch-Stiftung durfte ich 2011 erstmals längere Zeit in der Ukraine verbringen; *djakuju* und *spasibo* an Clemens Schöll für seine Unterstützung. Lauren Kessler und Peter Laufer von der University of Oregon haben mich während einer Summer School in Portland inspiriert; dank der Wiener Journalistenorganisation „fjum" durfte ich die beiden *journalistic storytellers* kennenlernen. Wolodymyr Gorbatsch danke ich für seine treffenden Analysen und den Hinweis auf Sosjura.

Ohne Kolleginnen und Kollegen wären Reisen in ein Konfliktgebiet eine triste und oft belastende Angelegenheit. Florian Kellermann war bei vielen Expeditionen für mich da. Mit Igor Burdyga, Agata Grzybowska, Agnieszka Lichnerowicz, Bojan Pancevski und Stefan Schocher habe ich ebenfalls Trips unternommen. Ich würde mich in Kiew nicht so wohlfühlen, wenn es nicht Olga und Olena Stezenko gäbe. Seit Jahren nehmen sie mich mit großer Herzlichkeit auf.

Viele Eindrücke in diesem Buch habe ich auf Dienstreisen für österreichische Tageszeitung „Die Presse" gesammelt. Ich bin Außenpolitik-Chef Christian Ultsch für seine Bereitschaft, mich trotz knapper Besetzung so häufig ziehen zu lassen, zu großem Dank verpflichtet. Chefredakteur Rainer Nowak danke ich ebenfalls dafür, dass er seriöse Auslandsberichterstattung in der „Presse" ermöglicht. Meine Arbeitskollegen haben mich nach meinen Absenzen immer wieder herzlich aufgenommen. Petra Ramsauer hat mir zur rechten Zeit Mut gemacht. Barbara Köszegi vom Verlag Kremayr & Scheriau danke ich für ihr Vertrauen in das Projekt; Clementine Skorpil für ihre Profi-Ratschläge und nicht zuletzt Helmar Dumbs für seine inhaltlichen Hinweise.

Schließlich: Danke meiner Familie, Freundinnen und Freunden, die trotz meiner oftmaligen Abwesenheiten für mich da waren. Dieses Buch ist dem Andenken an Rosina Zigeuner (1915-2012) gewidmet, die meine Reisen in die Ukraine stets mit dem Ausruf quittierte: „Jetzt fährst du schon wieder nach Russland!" Für sie, Angehörige der Kriegsgeneration, waren die Ukraine und Russland ein dunkles, ununterscheidbares Territorium. Einer Großmutter sieht man dies gerne nach. Wir Beobachter heute sind gefordert, genauer hinzusehen.